U0020694

藍學堂

學習・奇趣・輕鬆讀

上線時間
管理術

Google時間管理一姐的高效秘訣，
找到工作／生活／自己的平衡與幸福

UPTIME

A Practical Guide to Personal Productivity and Well-Being

蘿拉·梅·馬丁 著　　陳文和 譯
Laura Mae Martin

獻給每週的頂尖貢獻者，
以及我先生 Jake，有了你是我一生最幸運的事 ☺

CONTENTS

各界推薦   007

推薦序   什麼才是真正的生產力╱張修修   009

  掌握每一分每一秒的使用權╱NeKo 嗚喵   012

引言   上線時間   015

第 1 部   該做些什麼

第 1 課   三大優先事項   030

第 2 課   說「不」的方法   043

第 3 課   清單漏斗   058

第 2 部   該何時做

第 4 課   領悟精力流   076

第 5 課   零基時程規畫法   083

第 6 課   重新檢視時間   093

第 7 課   拖延症和克服的方法   103

第 8 課   用停機時間為上線時間充飽電   114

第 3 部　在哪裡做事

第 9 課　　地點最重要　　　　　　　　　　　　　　122
第 10 課　　工作熱點與非熱點　　　　　　　　　　131

第 4 部　如何做好

第 11 課　　在各界限之間求取平衡　　　　　　　140
第 12 課　　規畫時程的計畫　　　　　　　　　　　154
第 13 課　　賦予會議意義　　　　　　　　　　　　161
第 14 課　　打造強大的工具　　　　　　　　　　　176
第 15 課　　克服令人分心的事　　　　　　　　　　184
第 16 課　　對 email 駕輕就熟：洗衣法　　　　　192

第 5 部　兼顧生活品質與工作的方法

第 17 課　　循著「一旦：接著」的思路建立日常慣例　210
第 18 課　　週二無科技產品日　　　　　　　　　　218
第 19 課　　每日早晨的正念冥想　　　　　　　　　227
第 20 課　　成就上線時間　　　　　　　　　　　　237

致謝　　　　　　　　　　　　　　　　　　　　　243
註釋　　　　　　　　　　　　　　　　　　　　　247
作者簡介　　　　　　　　　　　　　　　　　　　253

▲

各界推薦

「這本書教你超棒、超實用的技巧，讓你的工作和生活保持最佳狀態……適合任何想要平衡人生和幸福感的人。」
　　——羅森伯格（Jonathan Rosenberg，Google 前產品高級副總裁）

「無論父母、高階主管、創業家還是學生，這本書都提供了及時又永久適用的工具，助你充分利用寶貴時間。」
　　——麥基昂（Greg McKeown，《少，但是更好》作者）

「與蘿拉一起工作讓我大開眼界——她教我如何使用功能、快捷方式和實務作法來管理我的生產力。她實際上把我的收件匣變有趣！」
　　——羅伯特・金克爾（Robert Kyncl，華納音樂集團執行長）

「對想要把生產力提到最高的人來說，上線時間管理術改變了遊戲規則。蘿拉擁有創造和傳達她的方法的天分，這些方法不僅可以立即執行，執行起來也令我開心。」
　　——伊姆貝爾（Amantha Imber，《How I Work》播客主持人、
　　　　　　　　　　　　　　　　《成功人士的用時智慧》作者）

「與我們的 Google Workspace 產品一樣，蘿拉的《上線時間管理術》可協助個人和組織實現最高生產力。這本書介紹了充分發揮潛力的可行方法，是人人必讀的指南，可以從蘿拉多年來與 Google 人分享的智慧中受益。」

　　——湯瑪斯・庫里安（Thomas Kurian，Google Cloud 首席執行長）

「想提升生活水準？《上線時間管理術》就是最好的選擇。我接受蘿拉指導，這套方法可以說是革命性的。拿起這本書，你就會發現如何在不倦怠的情況下成為最好的自己。」

　　——吉姆・列欽斯基（Jim Lecinski，
西北大學凱洛格管理學院行銷學教授）

「《上線時間管理術》是一本非常實用的指南，讓讀者找回時間並安心生活。收件匣一定塞滿未讀 email；蘿拉將向你展示如何有策略地設計每一天，擺脫被動接受迎面而來的工作。」

　　——珍妮・布雷克（Jenny Blake，《Free Time》作者）

推薦序

什麼才是真正的生產力

張修修

《張修修的不正常人生》頻道主

　　身為一心一意想要提升自己的生產力、完成更多事情的創業者，對這個主題的書看了不下數十本，但作者這本書有幾個特點，讓我想要特別推薦。

1. 她是在 Google 專門指導高階主管、幫他們提高工作效率的生產力教練。不但實戰經驗豐富，而且這套系統正好符合我們這種蠟燭多頭燒的現代人。
2. 整本書架構清晰，很有邏輯的將「做什麼」、「什麼時候做」、「在哪做」、「如何做得好」、以及最重要的：把「如何什麼都做，但又能活得健康愉快」給講清楚。
3. 充滿各種執行上的小細節，相當實用。例如拒絕別人的時候 email 該怎麼寫，才不會顯得失禮又可以維持友好關係；以及

如何找出自己生產力最高的「威力時刻」，並且安排執行最重
要的「優先事項」等。

而我認為這本書最值得拿出來強調的，是作者很明確的定義了什
麼是真正的「有生產力」。

她對生產力的定義有三點：

1. 明確知道自己要做什麼
2. 規畫出執行的時間和地點
3. 按照計畫確實執行

這三個原則不只適用於我們在職場上的工作，而是必須應用在生
活的所有面向。

安排週末耍廢躺平，那就躺好躺滿，才算是有「生產力」。
如果躺著的時候還掛念著一些未完成的工作，甚至忍不住回了一封
email，那就不算有生產力。

你有沒有類似的經驗：和家人或朋友相約出遊的時候，大家玩得
正開心的時候，卻看到某人時不時就拿出手機回訊息，或是把筆電拿
出來開會呢？

傳統的觀念會認為這種行為很有生產力，因為他們把握了每分每
秒完成工作上的任務，但作者說，這只是「瞎忙」。

如果把「上線時間」該做的工作，拿到本來應該用來充電、紓壓
的「停機時間」來做，不但工作的品質不會太好，長久下去還會降低

工作動力、創造力、最終還可能失掉身心健康，走向過勞。

我們的人生都有許多「願景」想要達成，小到學習一個新語言，大到建立一個事業，作者將這些大大小小的願景，稱之為大腦中的開放「迴圈」。

但如果沒有「執行力」，那這些迴圈可能就只是開了個頭，永遠沒辦法閉合起來，願景只能淪為空想。

作者在她的系統中，設計了一個生產力 5C 循環，分別是「放鬆」、「創造」、「採集」、「整合」、「完結」，這個循環是可以生生不息，永續執行下去的。

就我現在的工作來舉例，我的「放鬆」時間就是出門跑步時。我常常可以在過程中「創造」出一個影片的主題。

接下來我會開始在網路上以及書中「採集」跟主題相關的資料，全部丟到 notion 頁面中。等資料蒐集了差不多了，我就會開始「整合」，把我想傳達的內容有條理的寫出來，並且拍成影片，進行剪輯。將影片上傳到頻道上之後，就是「完結」了這個迴圈。

這時候我會好好「放鬆」一下，而下一個主題，就會一直源源不絕冒出來。

不管你想要在職場上獲得好成績，或是完成一些放在夢想清單裡，卻遲遲還沒有去做的事情，相信這本書都能幫助到你。

▲

推薦序

掌握每一分每一秒的使用權

NeKo 嗚喵

說書人

　　你對時間敏感嗎？人的一天只有二十四小時，扣掉吃飯睡覺和社交，基本上一天只有十二到十四小時左右，再扣掉工作八小時，其實給家人和自己的時間大約就四到六小時。難怪會有報復性熬夜產生，因為不能跟錢過不去，只好跟身體健康過不去了——這就是我以前的生活。

　　三十歲以前仰賴年輕的本錢，覺得這樣揮霍時間沒關係！反正我可以同時處理好多事情，善用公版進行工作，把一天當成三天在過，看似很忙、很充實，與此同時，也不知道自己在忙什麼，甚至無時無刻都覺得很疲倦，長期熬夜也讓生理時鐘混亂，直到現在三十五歲了，真的體會到什麼叫做健康才是本錢。

　　在時間有限的之下，《上線時間管理術》從心理上要我們先分清楚輕重緩急，甚至有些事情不做也不會怎麼樣。這對一個工作狂來

說，堪稱大逆不道了，但確實，很多小細節只是自己過不去，對整個專案或多數人來說，根本沒什麼異樣。

懂得說不，拒絕不是自己分內的事情，尊重自己的時間，這是溝通學的一種，更是妥善運用自己時間的方式！畢竟不是每個人事物都值得放在心上。

我一直都知道時間是很珍貴的資源，浪費錢沒關係，反正賺得回來，浪費時間是完全不能接受的。就是因為一直有這個觀念，才會慣性把所有事情流程化、公版化，以增加執行效率。

從我開始運用「清單漏斗」的觀念，我每日的代辦事項就不再長的看不到盡頭，即便再忙也有時間看一下小說、玩一下遊戲，因為我清楚知道本週最重要的工作是什麼，並且今天完成了多少。當今日的代辦事項完成之後，我可以毫無罪惡感的享受自己的時間，更神奇的是，看似做不完的工作也都能在一週之內順利完成。這就是清單漏斗的威力。

我覺得行事曆的好處，不單單在幫助你運用時間而已，它更能幫助你清楚看到每天、每週、每年的計畫，幫助你回顧並且記錄自己的人生，才有個展望未來的依據。

人類是一種從錯誤中學習的動物，很多人要回想去年此刻發生了什麼事情，往往一頭霧水，而寫行事曆不只能幫你回想過去，再寫的當下也能思考即將發生的事件，做好預期與心理準備。

《上線時間管理術》不只是一本教你如何運用時間的書籍，更想要引導你建立工作與生活中間的交界線，掌握每一分每一秒的使用權。

　　我推薦上班族一定要看看第十一到十六課，用在職場上簡直如虎添翼。尤其是第十五課〈克服令人分心的事〉。我想不到誰不需要這本書，從前我也覺得還要多花時間寫行事曆很浪費時間，但現在我已經不能沒有行事曆的幫助了。

　　相信我，閱讀《上線時間管理術》不只不會浪費時間，還能豐富往後的人生。還等什麼？繼續看下去吧！

引言

上線時間

　　我最近在週六追劇，吃爆米花，看了十小時《醫者心境》（*Heartland*）舊影集，只在下午小睡半小時。

　　而那天是我人生中最高效、最富生產力的日子之一。

　　這怎麼可能？

　　根據古老的法則，生產力的關鍵在於勤懇任事、能者多勞、孜孜不倦。當你可以利用週六完成某些待辦事項時，為什麼「浪費光陰」？人們往往以做好待辦清單上多少事情來定義生產力。然而，我們怎麼確認清單列出的都是使命必達的大事？我們如何知道，選擇某件事投注時間，高度精力會不會相應產生最佳成果？倘若我們日夜操勞，明天會不會因為過度疲憊而想不出好主意？

　　當你的意向和行動相輔相成時，就能實現高生產力。就上述的案例來說，我先生當天體貼地自願帶三個小孩去公婆家，好讓我可以休

息一天。我的**意向**是鬆弛身心，以及追最愛的影集。我的**行動**是在沙發上舒適且不受干擾地好好享受。這兩者相得益彰，使當日成為最高效的一天。

生產力是①明確地界定自己想做的事、②撥出恰當的時間在對的地方工作，以及③於設定的期間內落實計畫。始終如一地實踐這三點，我們便能確定自己找到**上線時間**（uptime）。

在電腦領域，「上線時間」意指硬體或網路運作及產生成效的時段。而在我們的世界裡，不論我們選擇做什麼，上線時間是我們工作和發揮生產力的時光。你的上線時間可能用於履行職務、養兒育女、經營事業、學習成長或從事藝術創作。上線時間不只有生產力發揮到極致的時刻，更確切地說，它是指在你最高效的日子裡的一切精力流。上線時間是你全神貫注「進入心流狀態」、完成事情、處理好待辦事項的時段。而在你選擇超脫一切工作、鬆弛身心時，你也處之泰然、享受當下。你做自己想做的任何事情，並感到心滿意足。

我認為找到上線時間和「進入心流狀態」是同一件事。在上線時間，我們懷著各種意向並輕鬆自在地完成，因為我們打造了能使自己成長的環境。這不只是單純地完成事情，更有伴隨思路清晰、專心致志而來的能量，以及確定每日方向而生出的自在感。這是在工作和個人生活上都感受到自己處於最佳狀態並產出優質成果。上線時間意味著自覺有高績效**並且**活力十足。

讓我們拋開案牘勞形、夜以繼日、馬不停蹄就有生產力的觀念，以**上線時間**這個概念來替換過時的生產力想法。拋卻雜亂無章，並迎來輕鬆自在。揮別疲於奔命，進入嶄新的上線時間狀態。

上線時間從踏踏實實領悟自己是完整的個體開始。工作時和不工作時，有什麼事使你感到幸福？體會一下自己的生理時鐘和自然節奏，摸索出什麼時候是你創造、專注和發揮效能的巔峰時刻？你在哪個時段開會最能專心投入？當回 email 時，什麼能使你得心應手？你什麼時候需要休息、哪個時段須不受打擾地進行思考、何時應該有社交活動？

上線時間從整體的觀點來衡量事情——我們能夠成就什麼、可以運用哪種方法、可能獲得多大的幸福感、如何帶來創新與穩定工作，以及化解過勞問題？新冠肺炎全球大流行期間，我們見證了「朝九晚五」不再是可行的辦公模式。我們當前亟需工作量、工作時間、進度表的管理方法，以及使自己成為更優質的職場工作者和更快樂的人必備的各項工具與技能。

上線時間是可以永續的工作方式。忙碌的一天和高效的一天之間的差別在於，精力、專注力和影響，這三者事關重大。關鍵是時間和專注力能相輔相成，產生最大效益。而且最重要的是運用種種時間管理工具背後的**意圖**，而不是工具本身。

上線時間絕非偶然發生，而是要透過設計來落實。需要審慎地策畫優先順序，又要有完善的執行力。上線時間是我過去十多年間輔導企業高階主管、為谷歌同事發展訓練計畫所精心打造的一套原則。現在我把這套原則交給你。

為什麼是我來引介上線時間

　　我大約在十四年前從事銷售工作，展開在谷歌的職涯。當時我要負責五十多組客戶關係，起初因為顧客要求層出不窮而感到應接不暇。於是我設法組織電子郵件收件匣，並且建立工作流程儀表板。我只安排在週二到週四打銷售電話，如此就能於週一預先做好準備，然後在週五把筆記的總結內容寄送給客戶。人們很驚訝我在職務上總是駕輕就熟，並且使客戶和自己都感到滿意。同事們開始詢問我組織工作、維持高效的方法。為何我不是每天最早進辦公室或最晚離開的人卻始終能達成各項目標？我很快就明白，銷售並非我的甜蜜點；管理時間和工作流程才是我的甜蜜點。

　　接下來八年期間，我開創了谷歌生產力（Productivity@Google）計畫，並著手和從新進員工到高階主管的所有谷歌人合作。我發展多項職能訓練講習課程，教導公司全體人員提振生產力的方法。我目前任職執行長辦公室，負責輔導和訓練高管增進生產效能的種種策略，以及保持從容自在和理性思考的方法。我運用 Google Workspace 的各項工具——從 Gmail 到 Meet——來幫助谷歌的實習人員、新進員工、中階工程師、最資深主管，及其他公司各層級的員工精進生產力。

　　我開始發電子報，且有三分之一谷歌人訂閱，更有數萬專業人士參與我的工作坊，還給了極高評價。與此同時，我成家了，還生了三個不到四歲的小孩！

　　本書不只是獻給谷歌人，也不是專為主管們或上班族而寫。這是一部屬於任何想主宰自己時間、活出從容感的人的書。它也是一本有

助於公司職員、學生、父母和創業家的指南。

我寫這本書，將學到的關於生產力的一切知識獻給讀者。等你讀完本書，將感受到更輕鬆自在、深受激勵、更能掌控自己工作上和生活中的一切要務。或許，更重要的是，你將允許自己在自覺時機**不對**的時候，不去做某些事。於是，你將能夠**在**對的時間、卓越地完成事情。

我把全書分成五大部分：

1. 該做些**什麼**：如何排定優先事項並拒絕其他一切
2. 該**何時做**：怎麼領會和善用自己自然而然的生產力高峰和低谷
3. 在**哪裡**做事：如何充分利用工作環境，不論你是屬於混合式工作模式、總是在家上班，或是始終身在辦公室
4. **如何做好**：如何把決定做的事有成效地執行到盡善盡美
5. **兼顧**生活品質與工作的方法：在完成一切事情的同時，保持快樂、成功和正念的方法

我要先簡介本書各章節將提及的生產力各項原則。我的許多教學內容是奠基於這些理念，而且我們將在書中深入探討。

生產力各項原則

生產力＝願景＋執行力

自從工業革命強調個別勞動者的產量與生產線各項指標以來，

人們始終關注於生產力（Productivity）的效率和產出兩大層面。無論如何，最富生產力的個人實質上同時具備兩種重要特質：願景（Vision）與執行力（Execution）。試想一下你大腦中不斷「循環」的任何事——某個構想、你要購買的某樣物品、「掛念」的事情、一項洞見、下一個步驟、得要告訴別人的話。**願景**就是我們開啟更多新的腦內迴圈——包括融會貫通各式想法、種種事物將獲得理解，你將用前所未有的方式思考事項之間的關聯性（發揮創意），或是想出一種新的解決難題方法。**執行力**就是我們閉合這些腦內迴圈——完成待辦事項清單上的事情、逐步完成步驟、落實自己的願景。懷抱不凡願景的人會在腦中開啟許多迴圈。有卓越執行力的人則使腦內迴圈閉合。高生產力的人既有願景、也將之付諸實現。

比方說，尋思如何為團隊化解問題時產生出色的想法，就是開啟迴圈。告知團隊實踐該構想的方法，就是閉合迴圈。你的時間就是投注於開啟與閉合腦內迴圈的循環之中。許多人困於封閉腦內迴圈，沒時間為自己開啟新的思路。他們具有**執行力**但缺乏**願景**。還有的人雖能想出許多出色的主意，卻從未能夠具體落實。你必須願景和執行力兼具。倘若你忙於閉合腦內迴圈或完成待辦事項，而未能集思廣益、深謀遠慮、產生新點子或形成具創意的解決方案（開啟新的迴圈），那麼你只符合生產力等式一半的條件。

我曾詢問各企業高階主管產生最優質想法的地點與時間，他們的答案裡三個首要的時地是①**淋浴時**、②**通勤途中**、③**從事某種休閒或無關工作的活動時**（比如說烹飪或是遛狗）。我們大腦需要這些停機時間，好休養生息和激發新想法。高階主管們的答案從沒出現開會期

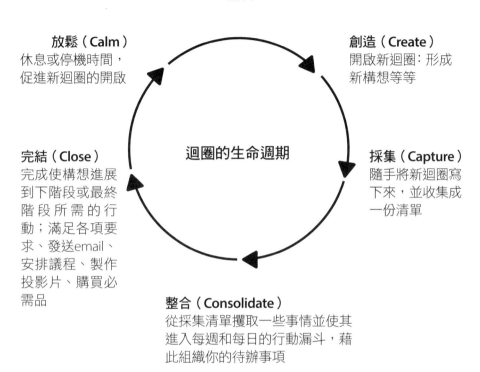

生產力 5C

放鬆（Calm）
休息或停機時間，
促進新迴圈的開啟

創造（Create）
開啟新迴圈：形成
新構想等等

完結（Close）
完成使構想進展
到下階段或最終
階段所需的行
動；滿足各項要
求、發送email、
安排議程、製作
投影片、購買必
需品

迴圈的生命週期

採集（Capture）
隨手將新迴圈寫
下來，並收集成
一份清單

整合（Consolidate）
從採集清單攫取一些事情並使其
進入每週和每日的行動漏斗，藉
此組織你的待辦事項

間或對收件匣進行分類時。在那一類活動中較少有讓新腦內迴圈浮現
的空間。

在我們把自己的潛能發揮到極致之前，必須像一條蓄勢待發的橡
皮筋，先拉回來，停一下。假如你懂得運用策略，將可把休息時間化
為富生產力的時光。

理解腦內迴圈的整個生命週期，對領會願景與執行力的價值很有
幫助。

在迴圈的生命週期裡，歷經我稱為**生產力 5C** 的循環。我們將在

後續章節逐一探究：如何找出能夠開創新想法的放鬆時刻、從哪裡以及怎麼採集新點子，還有最重要的是，如何把所有迴圈併入一個易於追蹤的系統，以確保你能完結或閉合每個迴圈。

讓我們循著迴圈的生命週期來檢視**生產力** 5C：

- **放鬆**：結束工作後，撥出時間遛狗
- **創造**：生出一個出色的想法，適合提交給某個客戶應用於即將登場的銷售活動
- **採集**：你用手機記下這個構想，然後把筆記轉移到清單漏斗（第三課將詳談清單和整個過程）
- **整合**：傍晚時，你整理好隔天要用的清單，並預定翌日上午十時致電給客戶
- **完結**：你與客戶洽談，促使其銷售活動實踐你的創見

這就是新構思（願景）從發想一路發展到確保能夠具體落實（執行力）的循環過程。本書每個相關章節將引導你完備生產力等式的兩大要項。

求取平衡、不再窮忙

我們的日常生活裡充斥著手持式行動裝置，以為藉由它們可從任何地點處理一切事情，省下許多時間。然而，點一下就能開啟的email 突然使我們覺得有刻不容緩的急迫性。與此同時，即時通訊內容和簡訊如影隨形，不斷地侵擾我們的當下時刻。令人啼笑皆非的

是，這些裝置最終使我們浪費掉的時間多過它們為我們省下的時間，除非我們實質上想清楚善用它們的方法。

我們多半也比以往有更多的會要開。試想一下，當你詢問某人或是自己被問到如何度過一天的時間，有多少次你只能回答說，**被進度表**和**接連不斷的會議**壓得喘不過氣，甚至沒時間吃午餐或上廁所。這是舊式生產力思維下的老生常談。

我們過度頌揚了這種工作方式。我們讓終日勞頓變成很潮很酷的事情。我們誤以為忙忙碌碌是必然的。我們不斷聽到別人強調他們馬不停蹄，於是覺得夜以繼日很重要，然而這絕不是打造可永續的職場環境之道。某些最高階主管的行程表並不緊湊，他們把大量時間用來集思廣益、閱讀產業新聞、創造或獨立思考。他們領略到會議與會議之間的開放時間深具價值，並充分利用它們來重新組織和處理資訊。他們深諳，只是獨自思慮問題，可能是推進事情的最佳方式。

我們為什麼要延續忙碌代表成就的老派想法？又為何把參與過多的會議當成一種榮譽勳章？

我主張，我們應該求取平衡，而不再看重勞碌。

把時間當作精力的銀行帳戶

我們都知道時間是最有限的資源之一，然而為什麼我們的所作所為往往像是把時間當成無限的資源？我們理當省思：接下新的專案要從哪裡撥出時間？新下屬用哪種方式匯報工作較不會占用我的時間？如果我不必參與新的兩週一次的會議，可利用這些時間來做什麼？如果我們保持這種權衡取捨的心態，便能設定自己的優先事項，並在每

回抉擇時刻找出合理的平衡之道。設定界限是可行的。實際上，這是最基本的事情。斤斤計較把時間花在什麼事情上是好事。你照樣能夠厚植自己的社會資本，並且成為人人眼中優秀的同事。

　　我們得像看待銀行帳戶那樣珍視時間。倘若有人索求你銀行帳戶裡的錢，你不會說，「沒問題！這是我的帳號和密碼，你想領多少錢都可以！」那麼，我們為何不同樣看重時間？假如有人要我們開會，多少人會回說，「當然！我有時間！」我們的時間銀行餘額肯定便如此耗光。就如同每天可花用的錢有一定的金額，我們每日可耗用的「精力點數」也有一定的額度。要把精力點數用於哪裡、可從何處獲取精力、想把它們耗費在什麼地方，全都取決於你自己。特定事情會耗用較多精力點數，而你能運用一些策略來節省精力，或是更明智地善用它們。本書將提供多種策略，讓你能以友善的方式拒絕那些看似值得，卻會榨光你的時間資源和精力點數的事情。

心流（Flow）＋專注（Focus）＝善用時間（Time Better Spent）

　　時間管理這個時髦術語意味著我們想要更多時間，我們需要額外的時間，我們的時間不夠用。然而，即使我們有了更多時間，往往還會有更多事情發生。你在日程表上排定週二早上九至十一時這個時間區塊，預計用來進行一個真的很重要的專案。你啟動電腦，閱讀一封新 email，馬上就到了九點十三分。你花了幾分鐘開啟一個工作資料夾並為它命名，然後收到一個即時訊息。轉眼已是九點三十二分，你回到電腦螢幕前，注意到有個你一直想完成且較容易處理的工作。很快就到了十點五分，你瞥見有封似乎頗緊急的 email，於是點開它。

在十點三十六分，你開始懷疑，距離開會只剩二十分鐘了，有必要現在開始進行新專案嗎？時間突然成了最不重要的問題。

為什麼會發生這樣的事？

因為時間管理只是第一步驟。它是發揮生產力必備的護欄。而生產力的基本成分是精力流與專注力。當我們在精神不振的時日「擠出時間」，這些時間將不會有多大價值。

並非所有的時間都有同等的價值。我在上午十點到十點半創造的新事物，將比我於下午四點至四點三十分隨便做的東西更加令人印象深刻，儘管兩者同樣用掉三十分鐘。這兩個時段並不等值！我上午的精力點數比下午的精力點數更富價值。在**適切的**時段善用你的精力點數，將可獲得更優異的投資報酬率、產生更優質的成果。了解自身的這些模式，有助於你在規畫時間上把精力用來發揮最大的生產力。

與精力流同樣重要的是專注力。為何我們抱著好的意圖著手做事且投注了兩個小時，卻始終未能心無旁騖地專心工作？在隨後的章節，我們將探討使自己不至於分心的通用策略。我將教你如何訓練大腦，使自己進入心流狀態與專注模式。你將了解本身容易犯哪些錯誤，並能為自己開創無虞分心的環境。專注於工作將成為你的新常態。

為未來的你、而非現在的你做好規畫

心理學指出，我們與當前和未來的自己都存有疏離的問題。發表於《社會心理學與人格科學》（*Social Psychological and Personality Science*）期刊的研究結果顯示，「那些認為自己與未來的自己更相似

的人，十年後會體驗到更高的生活滿意度。」這同樣適用於較近期的未來的你。當我們在服飾店試穿衣服時，為何有時會想，我不喜歡這套服裝，但以後說不定會想穿？難道日後我們將不再是不想穿它的同一個人嗎？當我們被要求預先排定在兩週的假期結束後那個週一上午八點開會時，我們會回說當然好！並把它排上日程表。然而，我們卻無法預想當天上午七點四十五分時，會超級想開這個會議。

　　了解這件事之後，我們就會一直為未來的自己、而不是當前的自己做好規畫。如果我們自問未來將希望自己當下要做好什麼事？那麼我們的進度表將會更加平順，我們的優先事項將更清晰扼要、我們的產出將更具效益。我要求所輔導的主管們想一想，下週四小時會議之後的未來的你，將期望自己預先安排或不安排什麼事情？年終時的你將寄望自己曾在什麼事情上傾注更多時間？在什麼事情上投注較少的時光？等你的小孩成年後，你會不會希望自己早年曾做好更多優先事項？本書將抱持這樣的心態，以各種方式來審視，從設定優先事項到聘雇人才，乃至日程規畫等。

　　我談的這些事可能看來和你當前的做事方法大相逕庭。然而，請相信我：我曾見證這些原則及據此發展而成的方法幫助了許許多多上班族與高階主管們，對於宛如生產力禪（productivity Zen）的上線時間學有所成，才寫下這本書。此書將使你對所從事的一切駕輕就熟，並在做這些事的同時能夠宏觀全局、茁壯成長。讀完全書後，你將確切明白自己應專注於**什麼**、**何時**是專注做事的最佳時機、應在**何處**推展工作、**如何**做到盡善盡美，以及怎麼在進行一切的**同時**，過上美滿

的生活！

　　我保證，當你做到了我分享的各項練習，省下的時間**至少**會讓你不枉費投注於閱讀本書的每分每秒。

　　此書描繪的簡單步驟將使你能夠善用數位世界的種種優勢，來完成更多事情，同時保有幸福和平衡的人生。

　　祝你學有所成、實現自己的**上線時間**！

第 1 部

該做些什麼

第1課

三大優先事項

　　假如我在路上攔下你，並詢問**你當下的三大優先事項是什麼？**你會怎麼回答？我一直對我輔導的對象先提出這個問題。那麼，現在請你回答。

　　我在引言已經提過，生產力的首要步驟是明確界定自己想做或必須做的事情。我不常說到**目標**，因為目標讓人覺得像是遙遠、長程的、「期望某天能夠達成」的事情。我用**優先事項**來替代目標，因為這能明示我們當前的意向、專注之事，且有著靈活性。

　　為什麼要著重三大優先事項？俄亥俄大學二〇一八年的一項研究顯示，在學習過程中，我們的大腦會尋找模式並把相互關聯的事物組合起來，這證實了長年廣獲肯定的「三法則」（Rule of Three，認為人們更容易記住三項元素組成的事）。我們在人生任何時點可能會有不只三項責任或優先要務，然而想清楚自己的「三大優先事項」，

有助於提升專注力。華納音樂集團執行長羅伯特‧金克爾是我共事過最具生產力的人士之一。他嚴格界定自己的三大優先事項，然後就此與工作夥伴溝通。他會列出與各項優先事項相關的工作清單，並持續不斷地與幕僚長、助理和組織的成員分享。這些優先事項成為他的工作與人生的主題，幫他專注於適切的事物及向團隊分享明確的願景。

　　倘若我詢問你的三大優先事項，你應當已深思熟慮得出結論，而且能夠不假思索地明快回答。你可以頻繁地每週重新評估這些事項，但一般來說，每月或每季重新評量是較恰當的做法。不屬於三大優先事項的其他當務之急和活動，終究會按部就班完成。就像下面這張圖，假如你想要讓容器裝滿大、小石頭和砂礫，就必須先把最大的石塊放進去。若容器裡已經裝滿小石頭和砂礫（比較不重要、較低優先順序的事物），便再也裝不下大石頭。

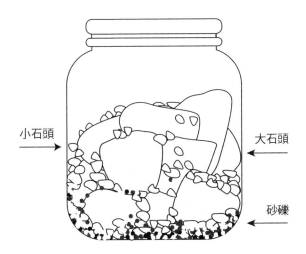

　　你可能會疑惑，我究竟是問你個人的三大優先事項，還是工作上的三大優先事項。不論是在職場或是家庭，我們終究只是人，每天僅有二十四小時，也只有一個大腦能管理一切。你的成果和成就感將由不同的時間、不同的工作或個人的優先要務所驅動。它們將基於你的當前處境和所處人生階段而變化。如果你正準備舉家搬遷，那麼此事理應排進三大優先事項清單之中。假使你正在進行一項重大工作專案，三大優先事項清單裡某項工作之外的事或許應當讓位。重要的是，選定三大優先事項，不多也不少，當你必須把一件事放進清單時，就得把某件事挪出清單，我們始終得要權衡取捨。

　　在與人對話時，問對方的三大優先事項，也是極好的話題。每當我和新的夥伴共事時，或向新的領導人匯報工作時，總會問說，你當前的三大優先事項是什麼？光是透過提問，你就能了解對方實質專注之事，並感受其中微妙之處，這有助於打造更有生產力的合作關係。這個簡單問題的答案能讓你領會這個人做出的決斷，以及他如何善用時間。在我的人生最艱困的一段時期，我先生對我運用了這個方法，他詢問我，你當前的三大優先事項是什麼？當我著手列出清單時，意識到自己有六大優先要務。難怪我會感到不堪重負！從思考這個問題，我領悟到自己力圖同時專注於過多的事情。我得放棄、推遲一些事情或是委託別人代勞——我確實這麼做了！

優先事項←→任務

　　有一位與我共事的主管將一季的三大優先事項界定為：

1. 完成大幅重組團隊的工作
2. 花更多時間陪小孩
3. 幫所領導的組織確立來年願景

　　看了他的優先事項之後，可能覺得有些含糊不清。我們的第一步驟是確認優先事項，但也必須想清楚如何**落實**它們。你的優先事項要搭配相應的實際行動，以達成具有高度影響的任務。請想一想，實現你的優先事項涉及什麼樣的高影響性任務（high-impact tasks）？更確切地說，我們用什麼方法把各項任務呈現在日程表上？如何辨認它們？逐步完成優先事項相關的特定**任務**有助於我們確認，會議、email、訓練、待辦事項、工作時間區塊、學校活動等，與各項優先事項之間的直接關係。

　　寫下你的三大優先事項各自的兩到三項高影響性任務（各任務應以一個行動動詞開頭）：

1. 重組我的團隊

- 與人資專員商討新組織章程的選項和討論有哪些職位要補人
- 安排跨層級溝通會議，以了解各職務的角色與職責
- 為空缺及新增職位面試新人

2. 花更多時間陪小孩

- 每週三到四次於五點下班，好與家人一起吃晚餐
- 週五居家辦公方便送小孩上學

- 本季工作期間撥出時間參與孩子的學校活動（例如音樂會或是家長會）

3. 構思團隊隔年願景

- 優先考慮不用 3C ／不定期的「思考時段」、散步、集思廣益
- 與同事進行一整天的異地活動（off-site，公司在外部場地開會或舉行活動）以收集回饋意見

　　最重要的是，界定出能支持各項優先事項的高影響任務。這不只有助於你整體專注於理應聚焦的事，也有助於把時間和精力點數投入落實各項優先事項。這也是你與工作、生活上的關鍵人士商討優先事項的好機會，這包括你的團隊成員、經理、夥伴、伴侶等。你將有機會依據他們個人的優先事項、共享的目標和各自的職責，來確認或調整自己的各項優先事項。倘若你與工作夥伴正攜手推動大型專案，而且它是你本季三大優先事項之一，但工作夥伴則不然，那麼事先弄清楚這個情況一定很重要。如果同事的三大優先事項比你們合作的專案更要緊，那你可能須引進其他資源或尋覓額外的協助。花時間界定優先事項並獲取相關回饋意見，能使我們討論**時間應投注於何處**時更容易找到方向。

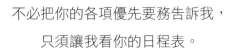

不必把你的各項優先要務告訴我，

只須讓我看你的日程表。

你了解當前正發生的事嗎？

在詢問我輔導的主管們各自的三大優先事項之後，我拿出他們列印的過去幾週日程表，並發給他們螢光筆，然後要求他們把各項和三大優先事項相關的會議、任務或工作時間區塊標示出來。我很快就明白，他們的時間是否投注於落實三大優先事項。這是看清實情的簡單但有效的方式：**你的時程表是否凸顯出那些最重要的事情？**你已確認哪些事至關重要，然而你有沒有把多數時間投注在這些事情上？時間是你最珍貴的資源——你投注大量時間的那些事情**就是**你的優先事項。你的行事曆會呈現實情。它會查核事實，確認你的確把時間用於重中之重。

至於那些不屬於三大優先事項的事情呢（罐子裡仍需要給小石頭和砂礫預留空間）？當然，我們隨時都有超過三件事要做。多數人犯的錯誤是在處理三大優先事項之前，把多數時間耗在做其他事情。我們始終會有無數的非主要專案，它們不斷累積且最終吞噬掉我們絕大多數的時間。舉例來說，我們想重組團隊，卻把時間耗費於非核心委員會的持續數天的異地活動。你想要多陪陪小孩，卻一直沉溺於工作之外的任務或者嗜好。這些事是否聽起來很耳熟呢？

我發現，思考未來的自己——數週、數個月或多年以後的自己，到時候今天的各項行動都已成為過去——對於理清優先事項很有幫助。未來的你會樂見自己現今這樣運用時間嗎？會因為你當前拒絕雜務、專注於適切的事而開心嗎？假如你每季或每年回顧工作成果，最好在一季**開始時**就做好準備，以確保自己將密切追蹤進度。

　　我合作過的一位卓越領導者每年都進行事前剖析。他在一年**初始**時，運用完整的簡報讓大家明白未來一年如何達到銷售目標、可能落入何種陷阱而浪費時間、自身在哪些方面實質優於對手與其原因，以及哪裡還須精益求精。儘管一切都是出於推測，這確實使**我們團隊未來**一年有了明確的定位。我們甚至預想，假如他的預測正確無誤或者失了準頭，我們將會有什麼感受。這個策略為未來一年的成功鋪好道路，並使團隊抱持著眼於「年終的未來自己」的心態超前思考。

當急迫的事再度來襲

　　「嗨，我今天休假，不在辦公室。若有緊急狀況，請撥 911。──查德。」

　　查德這段訊息或許有些發牢騷的意味，但我們都清楚他的意思。人們往往會把一些「突發的不測事件」當成緊急狀況，並使其重要性全然凌駕原先的計畫工作之上。

　　與我一同設定優先要務的人通常會說，「這很棒，我確認了各項優先事項、據此安排時間，然後……總是會有十萬火急的事突如其來！」難以預料且需要我們立即留意的事當然會發生，這使我們更難在行事曆上安排優先要務。然而，應對急迫之事的最佳方式是防患**未然**。倘若你沒有在日程表上針對難以預料的突發狀況配置時間，那只會覺得防微杜漸是不可能的。以下提供一些未雨綢繆的策略：

1. 每天設定一個應急時間區塊

Google Cloud 執行長湯瑪斯·庫里安（Thomas Kurian）每天都撥出一小時來因應迫切事務。他曾在《與我共事的方法》指南（隨後將再詳談）提過，而且他每天規畫的應急時段始終固定不變。如此，一旦有急迫事務須處理，他總是有時間應對，而不致影響日程表上的其他事情。他的團隊成員都知道其每日固定的應急時段，因此任何有急事要和他商談的人能夠據此來規畫會談時間。假若沒有任何急切的事要應對，他便進行工作或趁機看 email。這就類似大學教授在學校辦公室的 office hour，是學生輔導與諮商的專門時間，始終設定在相同的時段，倘若沒學生前來商談，他們就處理自己的事。

另一位谷歌主管採行近似的方法，但有一些變化。她每天保留一個不受團隊成員打斷的自由時間區塊，倘若有急事須處理便能用上，而如果沒有急迫的事發生，就安靜地做自己的事。

在這兩個案例中，兩位高管都找到方法在行事曆裡畫出特定時段，以備應對料想不到或火急的事情，如此其他時間的安排便不致受到影響。

2. 緊急性 vs. 重要性

我最愛的處置緊急事務方法是設定若干明確的相關用語。緊急有許多近義詞：要緊的、須及時應對的、重要的、引人關注的，不勝枚舉。然而，並非所有迫切的事情全都性質相同。當它們發生時，我們如何分類其優先等級呢？

「艾森豪方法」（Eisenhower method），也就是「艾森豪矩陣」

（Eisenhower　Matrix）對此提供了最棒的方法。此法是基於美國前總統艾森豪（Dwight D. Eisenhower）一九五四年的話：「我有兩種難題，緊急的和重要的難題。緊急的不重要，而且重要的從不緊急。」雖然偶爾會發生既緊急又重要的事，但艾森豪這番話對於辨認兩者來說是個好方法。從他的話語演化而成的方法把緊急和重要之事分別定義為：

緊急的事：種種要求我們立刻注意的活動，通常與某人各項目標的達成有關

重要的事：這類活動將引導我們專注於各項優先要務

緊急性 vs. 重要性

	緊急的	不緊急
重要	1. 立刻著手 可以全面重新安排時程表	2. 日後再做 安排適切的時間來處理，照常進行排好日程的工作
不重要	3. 明快地委派他人去做 設定最低限度的處理時限	4. 斷然拒絕 不須為此投注時間，也不必委派別人去做

不同於艾森豪所言，這個表格納入了既迫切又重要的事情。假如一件事緊急且重要（第一區），你應直截了當地著手處理。這值得重

新安排一些會議和工作時間，因為它既有時間緊急性又符合你的優先要務。倘若一件事情很重要但不須立即處置（第二區），只須決定何時去做，並繼續現行工作。如果發生了十萬火急但不重要的事情（第三區），運用自己時間以外的其他資源將有所助益。你的時間有限且必須完成工作。我們有出色的科技辦公資源能應付這類事情！至於既不緊急也不重要的事（第四區），你大可以心安理得地不為它們耗費時間。你已界定了三大優先要務，因而比較不會禁不住去做第三區和第四區的事。

　　當你在團隊中做事且在處理急迫事務上須與成員們協調一致時，這個方法尤其有幫助。分辨你面臨的難題屬於哪一區，並據此決定整個團隊怎麼處理問題。確認料想不到的問題或危機的屬性，有助於你切實想清楚，如何以不違背優先事項的方式來應對難題。

3. 修復系統

　　假若你時常經歷屬於第一區的狀況呢？這通常意味著，系統出現某種差錯。如果每天都有急切的意外事件或是未預先想透的事情發生，這樣的情況會讓人精疲力竭。這時我們當尋思：為何不斷發生這種事情？需要什麼樣的系統方能避免這類狀況？倘若一再發生火急的事，當用什麼方法預防？我們要改變哪些工作流程、溝通方式和處理步驟以免事態持續發生？這可能涉及指派團隊或某人專責處理緊急的事。我們或許應深入探討最近發生的十次緊急事態，以理清其發生的原因，及設想可用什麼方法防範。

一次性的緊急事情，處理它。

第十七次發生緊急問題……系統有某處出問題了。

4. 把「應對緊急之事」列為三大優先事項之一

　　即使做到以上所有事情，有時應對十萬火急的事就正好是整體工作的一環。對於特定角色尤其如此，比如說有截稿期限的新聞記者，或是急診室醫生，他們就是無法防患未然。了解緊急狀況會不斷發生，並且確認自己必須騰出應對的餘地，將使你能夠超越日程規畫，有能力處理事情。這和每天撥出應急時間區塊大相逕庭，因為時常要應對緊急事態的人，不會始終能夠天衣無縫地配合安排好的時間表。你要更有彈性。倘若你因知道危機必將來臨，而在心智上和時程規畫上預留因應空間，情勢將會更快明朗。為了確保有時間處置，可把應對急迫之事列入三大優先事務清單中。由於我的教練工作性質，我每天都在行事曆上為緊急事務騰出空間！如果就十萬火急的事採取預防性措施對於你的角色是合理的，那麼這樣做便是正確的。急診室醫生一天裡不會有定期預訂門診時間的病患，他們多數的時間留給隨時可能來到的急症病人。

　　現在你界定好自己的三大優先事項，並且針對緊急事件預先擬妥了計畫，就要把它們當成像生命一般重要。用它們來衡量每個機會。

把你的三大優先要務寫在便利貼上，貼在桌上最顯眼之處，以後時時提醒自己。收到要求你嘗試新事物的 email 時，要問自己這件事是否符合你的三大優先事項。假若答案是否定的，那麼嘗試新事物有意義嗎？如果這件事並非三大優先事項的一環，但你仍覺得它很重要，那麼你可以有自信、有計畫的接受，因為你明白自己並非心血來潮，你重視這件事的意義並充分了解各項必要條件。假如那又是一件要求特別嚴格的事，你或許必須考慮怎麼調整三大優先事項。比如說，倘若你被拔擢為經理，就該思考如何兼顧領導、支持團隊及成為好隊友的角色任務。經由權衡取捨，我們始能如雷射般精準地聚焦於適當的事上。

你已為上線時間做好了準備！

然而，即使你成功地避開了迫切事務對日常時程規畫的干擾，仍會有許多事情需要你花費一些時間。在下一課，我們將探討如何拒絕雜務，讓它們不致阻礙你發揮生產力。

上線時間課後練習

- 你當前的三大優先事項是什麼？有哪兩、三項任務或是哪些會議有助於你推進這些優先事項？

- 把你過去兩週的行事曆列印出來，並將符合三大優先事項的圈起來。對於在優先事項上投注的時間百分比，你是否覺得 OK？

- 設定日常應對緊急事務的時段，或把應急列為三大優先事項之一，自己或與團隊一起運用辨別緊急／重要事項的方法，分類各項難題。

▲

第2課

說「不」的方法

　　你已決定好自己想要專注的事。確認了三大優先事項相關的高影響性任務，且在行事曆上為各項任務配置好時間。你的經理／團隊／伴侶／夥伴都接受了這些優先要務。你準備好了！

　　然而，困難的是在時程規畫上為自己的優先事項騰出並維持一塊空間。舉例來說，你可能已完成第一課的練習，並從行事曆上標示出來的部分發現，你投注在三大優先事項上的時間還不到三成。（我們的理想是有七成以上。）你該用什麼方法來排除其他雜務？怎麼確保自己始終如一地依據三大優先事項來規畫日程表？應如何回絕那些排擠優先要務所需時間的種種事情？

決定優先順序並非重新排序

　　大部分人都有龐雜的待辦事項要處理,想好好排定各事項或任務的優先順序,以完成一切事情。人們著手從最重要的事做起,最後才處理最不重要的事。而在上線時間,我們要想好如何拒絕全然不值得排進時間表的事,並從待辦事項清單剔除那些無足輕重的瑣事。對普通好的事說不,留空間和時間給**卓越**的事。

　　關於從清單剔除雜務,我最愛的方式是,把大腦裡縈繞不去的、自以為能做或應做的一切事清理掉(我們將在下一課詳談這個課題)。我據此確認待辦事項清單上約有三分之一最不須優先考慮的事。它們往往已在我的腦海裡繞了一陣子,卻持續不斷地被我拖到日後再做。關於這些事項,我自問:

　　假如我永遠不去做這些事,最糟將會發生什麼情況?

　　如果我不做,是否有任何其他方式能處理它們?

　　能否只做一半就去進行其他事情?

　　這些問題可促使你想出方法,該怎麼把事情委派他人、如何簡化進行中的事以提高效率,以及在實際可行時走捷徑。比如說,在我們舉家遷居之後,我的居家辦公室什麼也沒有,於是想著賞心悅目的裝潢可能是個好主意。我認為這將能在進行工作視訊會議時提供更優美

的背景。因此，每當我草擬待辦事項清單時，**裝潢辦公室**的想法就會冒出來。然而，這始終不是我的優先要務，因為我還有許多其他事情要處理（還記得我有三個未滿四歲的小孩且要忙搬家的事嗎？）。於是，我尋思：

如果我永遠不做這件事，最糟會發生什麼狀況？可能什麼也不會發生。我將有一間除了自己之外幾乎沒人會進入的簡單小房間，此外我不會有花稍的視訊會議背景。

是否有其他做好這件事的方法？這使我思考或許要請一位室內設計師。於是我著手研究以合理價格委託這項任務的各種選項。

或者，我可否只做一半便去進行其他事情？我想給房間完美的主題和陳設，然而，在房裡放一些書櫃和掛上裱框的照片，效果可能就會很好。盡善盡美可能是進步的大敵。我大可設定時限，用一個小時來訂購一些家飾品，然後找個週末用兩小時來完成布置。我可以把部分工作（組裝書櫃和掛上裱框照片）委託給樂意幫我的人──例如我爸爸退休了，有額外的時間也剛好有空。或許我可以只投注少許時間就把這件事做到令人滿意。比起一點裝飾也沒有，這麼做是更好的方式。

這一切選項是清理優先要務清單的可行辦法，它們有助於閉合我腦海裡的迴圈並完成任務。完全不布置房間也是一種選項。如果我做出這樣的決定，將能使裝潢的想法不再縈繞心頭、擾亂我的待辦事項清單。（供你參考，我選擇了做一半然後進行新任務的方法，而且我的居家辦公室現在看來很棒──感謝我爸爸鼎力協助！）

▲

所有你接受不了的事都拒絕

我的時間值多少錢？

　　Google Cloud 策略與營運副總亞納斯・歐斯曼（Anas Osman）在時間的價值這個課題上讓我學到很多。他非常通透的了解自己的時間價值。我留意到他總是差點趕不上班機，而他告訴我，「假如你不曾錯過百分之五的航班，那表示你在機場耗費了人生過多的時間！」他每年約有三十趟搭機往返的差旅，而藉由「準時」、不提前抵達機場，他為自己節省了約六十小時的時間。比起耗費六十小時在機場候機，一年約錯失三次班機造成的不便確實相對較少！他的飛航差旅方式或許不是人人都認同，但他講究時間價值的深刻想法提供給我們重要的洞見。

　　或許他給我的最佳建議是，我們始終應把時間的價值放在心上。多數人認為，時間的價值就是工作上每小時勞動所得。但這不是他對時間價值的定義。

　　時間價值的更大關鍵在於，為了避開**自己不想做**的事情，你願為自己每小時的時間付出多少代價。假如你能提前一個小時回家和親人相聚，你願意付多少錢改航班？你願意花多少錢購買事先組裝好的新家具？如果粉刷一個房間會耗掉你一天的時間，你願意給多少錢請人

代勞？（倘若你很愛粉刷房間，那又另當別論，這將影響你對時間價值的看法。因此你得考量這是不是自己超級不想做的事！）

　　再回頭來看我的居家辦公室實例。假設布置它要耗掉五小時的購物和擺設時間。基於這個估計，我明白，若請一位提供整套服務的室內設計師，將可獲得多少時間價值，而前提是我了解，做自己不想做的事平均每小時須付出多少時間代價。時間價值會隨著你當前在工作或生活上的優先要務、你的財務狀況、你的行程表的彈性而變動。然而，你應該不用苦思就能判定自己的時間價值。

　　我有位朋友每天親自手洗嬰兒奶瓶和各種小配件，我問她為何不用洗碗機，她回答，因為奶瓶不夠用。由於我關切的是生產力，於是問她手洗和擦乾奶瓶及配件需要多少時間。據她估計，大約是十五到二十分鐘。我開始在腦中估算，然後明白她每年約耗費一百二十多個小時（或十五個工作天）洗奶瓶！這一切只為了省下均價約五十美元的一組八個新奶瓶的費用。在這個案例中，明白自己每小時的時間價值，並乘以一百二十小時，然後與購買新奶瓶的價錢進行比較，對她會很有用。除非她認定自己每小時的時間價值低於○‧四一美元，或者很享受洗奶瓶這件事，否則最好買一組可以使用多年的新奶瓶。

　　這件事恐怕各有各的想法，或許她從洗奶瓶找到樂趣、邊洗邊聽播客節目或進行其他活動。也有可能她的儲物空間不足，因此不想額外添購新奶瓶。然而，她當然值得考量自己時間的價值。

　　最重要的是把時間視為自己最珍貴的資源。在面對不確定是否值得投注時間的事情時，請思考以下問題：

問題	行動
我是否喜歡這個任務？	如果是的話，我可以為它投注時間。
假如委託他人會不會很費事？	倘若找人、洽談、逐步指示、教導做法要耗費三個小時，而自己做可用兩小時完成，便不值得假手他人。
是否有我更樂意做的事？	如果可以的話，指派別人做或付錢找人代勞。
把時間用在其他地方是否更有價值？	假使你賺的是時薪，且做該工作的所得較多，就把你不確定值不值得做的事交付他人。
我是否覺得「應當」做這件事？	即使你能付錢請人或指派人代勞，若自己完成任務將使你感到自豪和非我不可，那麼你可以親力親為。
其他人能夠做得**比我多**嗎？	縱然你有時間進行此任務，為求達到自己想要的成果，可能還是值得指派人或出錢請人代辦。
倘若有人要求我隔天做某件我**不想做**的事，我得自掏腰包花多少錢才能如願？	判定這值得你付出多少錢，然後據此決定是否找人代勞，及敲定你願支付的酬勞。

你拒絕了什麼事情？

多數人對於拒絕他人感到焦慮，並且迫於社會壓力或是擔心讓人失望，而覺得有必要接受對方的要求。在這些情況下，最重要的是提醒自己時間是有限的資源。每回你同意了某些事情，也同時拒絕了其他某些事情（即使不是直接說不）。假如你媽邀你每週五共進晚餐，你可能會因為無法輕鬆自在回絕而答應。你接受了這個安排，等於是預先拒絕了其他人週五晚間可能提出的邀約。（因此，我每年**十一月整個月**都盡量直到早上才擬定計畫，藉此檢視我只隨著**當天**心情做事的話，人生會怎麼改變。）當你同意每週召開例行會議時，便是拒絕了每週同一時段可能完成的工作。（這或許還可接受，但你應該有自覺地認清自己每週放棄了什麼！）

接受新的會議即是對開會時可進行的其他專案**說不**。**同意**指導新進員工便是拒絕增加你與團隊成員共享的時間。**接了**下班後的工作任務，也就**沒了**與家人共享晚餐。雖然你沒有明確對家人說不（你的小孩可能沒請求你回家吃晚飯），但你就是拒絕了他們，因為你選擇做別的事。你間接地婉拒家人（如果這是正確的權衡取捨，那就別介意）。但你每回**同意**了某件事，等於**回絕**了其他某件事，不論你是直接或是間接**說不**。持續意識到你可能拒絕了「其他某些事」，你將能自覺地在投注時間的權衡取捨上求取平衡。

接受某些事情
也一定同時**拒絕**了某些其他事情。

減輕當前的種種責任：啟動和疊代

　　我最初在谷歌輔導主管時，接受任何主任及更高層級的人參與各項課程。結果申請者爆多，我發現自己在輔導課程上投注了大量時間。我幫助了許多人，卻也精疲力竭。而且我找不出足夠的時間來推進其他兩大優先要務：驅動員工為谷歌創造新價值的可規模化學習，以及關於 Google Workspace 產品特色功能的諮詢工作。我沒能開啟更多的腦內新迴圈。於是我做出艱難的抉擇，決定把輔導對象限定於副總層級的高階主管，從而大幅減少了輔導課程（也導致某些人不開心）。

　　我原本確實能在日程表上排出時間輔導主任級同事，然而課程相關準備和後續追蹤上都不盡理想。我沒能產生新的想法來與人分享，或提供種種資源來支持這些輔導課程。我已腸枯思竭。把輔導對象限縮到少數高階主管，我實質上給了自己更多喘息空間，從而能夠為主任級同僚開創最棒的可規模化團體訓練課程。我能提供更好的資訊並分享給他們。而且，我對副總們的輔導課程得以更加專注，產生了實質影響。這是一個好例子，那些需要更多停機時間而非更多工作安排

的人，可以讓自己成為更優秀的職場人。透過減輕工作負擔，我**成就**了更多事情。

停下現行的某個專案或任務，有助於想清楚那是否只是暫時性的工作。試著**暫時**對某些事**說不**，好使自己能夠看清，重新在自己的能量和時間規畫上求取平衡是不是正確的決斷。對此可採行「啟動與疊代」（launch and iterate）模式：

> 在一個月期間，我將嘗試只對副總們提供輔導課程，藉此體會自己的感受，然後檢視自己的狀態，並從這個點繼續前進。

> 在一週期間，我將弄清楚準時五點下班會是什麼情況，然後於晚間檢視自己對工作壓力的感受。

> 在一季期間，我將把團隊會議從每週例行改成兩週召開一次，然後觀察這將對我們的決策速度和彼此的連結產生何種影響。

這個方法旨在試驗期間啟動潛在的解決方案、就其效用取得回饋意見，然後相應地疊代。透過每項努力，你將獲取新數據以不斷精進這個方法。

雖說不能總是全盤推翻自己的各項承諾（比如說，若加入了兩年期的委員會，不好在一年後就退出），然而，你可以標註出自己重視

的那些事情。你將具有先見之明，當下次職務變動時，得以幫自己減少優先要務的負擔、在時程規畫上求取平衡。

有時人們會說，我每天要開八小時會議，而且每場會議都很重要！無論如何，我們都有辦法辨識自己的各項優先要務，究竟將造就我們成為只是普通或是優秀的人。想像你的主管剛剛告知，你將接下一個須投注二五％時間、超棒的專案。這時你應想一想，接下這個**超棒的**專案，你將得放棄眼前正進行的什麼**不那麼好**但依然重要的事情？而此時浮現在我們腦海中的往往是「容易實現的目標」。

假如你覺得所有事情都很「重要」，而且不確定該如何減輕工作量、紓解時程安排，那麼讓你的主管或是團隊領導者參與其中，會很有用。倘若你加入五個專案團隊，而且自覺應放棄其中兩個專案，可以和主管商討如何權衡取捨。你可能發現主管對於你認為最事關重大的事情不以為然，也可能會支持甚至鼓勵你放棄某件事，好騰出空間在其他事上發揮最大潛能，而你將感到獲得更大的力量。

對各式要求說不的五種方法

相對於拒絕新要求，卸下當前的各項責任比較難（第六課將詳談），然而回絕種種新要求仍然要有方法。對於包括我自己在內的多數人而言，「說不」並非易事，我們必須學習最佳的拒絕方法，儘管要隨著時間推移不斷試錯。我們都想要在保護自己的時間和尊重及維繫彼此關係之間求取平衡。

如果過於頻繁拒絕，或是用不適切的方法拒絕別人，我們的社會

資本肯定會受到衝擊。我們必須慎重其事、力求平衡。以下提供我的五種**最有效果**的策略及實作方法：

1. **問更多問題**。在決定回絕之前，獲知更多細節、找出有助於決斷的資訊。盡可能窮盡所有問題。

- **探問須投入多少時間**。「感謝你邀我加入這個新專案。能否告知更多關於每週約須投注多少時間的資訊？」
- **檢視這是否與你的三大優先事項協調一致**。「感謝你給我機會參與新的跨團隊專案！能不能分享專案成功的前景和你力求達成哪些目標？」
- **了解任務的各項期望和其他人賦予它的優先順序**。「感謝你邀請我向你的團體發表談話！能告訴我有多少人將獲邀到場嗎？他們都擔綱什麼職務角色？你計畫如何推廣此次活動以提升出席率？你過去有沒有辦過這類活動？參與率如何？」

2. **表明你將考慮或者不要馬上回覆**。這是我最愛的做法之一，而且能搭配第一個選項來運用。有時我會落入電玩陷阱——當我覺得必須立即回應迎面而來的所有問題、要求與 email 時，會進入高度亢奮的應對模式。我最初的反應要麼是急著接受，要麼就是先發制人地回絕。而這兩者都會造成損害。我往往在二十四小時後直覺到，不應當那麼說或那麼做。如今我喜歡在閱讀收件匣裡的 email 或聽取他人的提案後暫且不去想它、不立即決定怎麼處置。

- **為自己爭取時間**。「你正致力開發的新工具很棒，你想讓我從

何處著手幫你。我會考慮看看，如果有我能夠效力之處，再向你回覆我能投入到什麼程度。」

- **分享你的思考過程。**「嗨！剛檢視過一些找我演說的邀約，經過考量之後，很遺憾，我當前還有一些事要辦，忙不過來。祝活動順利！」

我在應付小孩方面已學會如何運用這個策略。在此之前，當女兒問說：「我可以玩閃光筆著色遊戲嗎？」我的直覺反應總是否決她。然後，在一個陰雨綿綿的難熬週日，我有了時間幫她著色和清理時心想，為何我先前不乾脆地答應她？對於玩培樂多黏土遊戲，我反而會不假思索地馬上說「好」，接著才發現，實際上我們五分鐘後就要出門了，根本沒時間把黏土組拿出來玩然後收拾乾淨。如今我已學會說：「讓我想一想，一分鐘後再回答你。」屆時我將已理性地思考過而不會憑直覺做出反應。

3. **想像接受與拒絕分別可能引發什麼情況。**這對回應長程專案或長期的投入要求可能用得上。我閉上雙眼並設想，同意或回絕之後事情將會如何發展。比如說，我受邀遠赴一場主管高峰會發表演說，卻可能在搭機前一天預作準備時想說但願我沒同意這件事。我在每季最後一週總是有許多其他事情要處理！或是，我會不會在拒絕這個邀約後，看到這場峰會演說者的名單時心想，我理應在這份名單上，真後悔自己回絕了。或者，我是否會在演講完搭機回家途中內心讚嘆說，我善用了自己的時間！我結識了許多傑出人士。有時切換到未來的自

己的角度來思考，有助於我們想清楚究竟怎麼做更加務實，從而做出適切決定。

4. **不，但是……**這是我喜愛的拒絕方式之一。這是說不的好方法，而又不是斷然回絕。舉例來說，如果你認為值得為了某件事花時間寫封 email，但不想為此事開會，那麼你不必全然拒絕開會的要求。你可以轉換到另一個對自己更有效益的選項上。

- **用 email 先發制人。**「請先用 email 提出你的各項問題，然後我們可以決定是否有必要開會討論，你介意嗎？」
- **以實質意見先聲奪人。**「你介意先從這些意見著手嗎？倘若我們未能因此解決問題的話，可以開會討論。」
- **轉移／委任他人。**「我希望自己能在你的團隊活動上發表演說，但遺憾的是我目前沒有時間和精力做這件事。無論如何，我的網站上有提供一些自主訓練模組，或者請儘管聯繫〇〇〇，他也從事這方面的訓練！」

這種說不的方法可讓對方感受到你的尊重與支持，而你同時也維護了自己的時間和優先事項。你甚至可以進一步設法提醒自己，日後詢問一下他們的活動是否順利。

5. **不，因為……**最單純（對多數人來說也最困難）的方法是直接拒絕，並且說明原因。讓對方知道你當前的優先事項及如何運用時間，有助於使對方感受到你對其開誠布公，而不是拒人於千里之外。

你可以表明：

- **沒有時間。**「感謝你與我分享這個新提案！看來是個絕佳的機會。我希望自己能參與，遺憾的是有些事情占滿了我的行事曆。期待你的最終成果！」
- **你的參與並非必要。**「我不會出席這個會議，因為我明白自己團隊裡的艾咪更適合此事，而且她已確認會參與。」
- **有其他優先事項。**「我將不與會，因為我必須在月底的期限前完成一些要務，期望你的活動圓滿！」

讓人容易接受

　　一旦你能夠善用拒絕的力量，將可活用類似的策略反過來使人接受你的提議。如果你力圖讓某人同意或是加入你的專案，可以反向善用上述的手法。當試著使人與我協作或提供奧援時，我會思考自己為何拒絕某些事情而接受其他事情。我可以這麼做：

- **闡釋我的請求與對方的優先事項協調一致。**「我詳閱了你本季公開的各項優先事項（谷歌公司將其稱為 OKR，即目標與關鍵成果），並且發現其中一項和我正致力的事情完美地協調一致。我非常樂見彼此合作好達成雙方一致的目標。」
- **坦率地盡可能提供更多細節／彈性空間。**「我歡迎你向我的團隊簡報。這裡有更多的細節可幫你對此做成決定。」
- **日期**（若可能的話，應提供多個選項）

- **時間**（若可能的話，應提供多個選項）
- **參與人數**
- **活動進行方式**（問答、簡報等，應提供多個選項讓對方可選出最感興趣者）
- **為何特別邀請對方**
- **活動成功的標準**

　　不論是拒絕他人請求或試圖讓人接受你的提議，這些技巧都很有用。投注時間勤加練習，這些技能將愈練愈熟。你將明白哪些任務值得你付出精力和全然的專注力、哪些事情可以委託給別人、哪些事情能夠完全放手不管。你將能夠免於伴隨著回絕他人而來的內疚感，以及答應得太快（或是匆促拒絕）導致的懊悔。學會如何婉拒別人，可以幫你騰出空間和時間來組織自己接受的事情。從一開始就確立界限和制定工作規範，甚至可能使你根本不必對人說不！（第十二課將進一步探討這個課題。）

上線時間課後小練習

- 挑出你想回絕的某件待回應事項或令你焦慮的事。
- 想一想「說不的五種方式」裡哪一個最適合化解你的難題。
- 擬定完美的回應方式，以維繫請求者對你的敬重，同時維護自己珍貴的時間和優先事項不受打擾。

▲

第 **3** 課

清單漏斗

　　你已設定好各項優先事項，且能適當地對人說不，以維護自己的時程規畫，接著你需要一種方法來追蹤那些高影響性任務，並且將各任務完成時間安排妥當。這時清單將派上用場。製作清單是要**強化我們的生產力 5C**。你將把腦海裡所有的迴圈組織起來，使自己能於適當的時間和地點取用和閉合這些迴圈。

　　打造清單始終與高階生產力密不可分。加州多明尼克大學（Dominican University of California）教授蓋爾·馬修（Gail Matthews）的著名研究顯示，把各項目標寫下來，可使達標的可能性提升四二％。清單極有用，而製作清單可能需要一些技巧。我們如何把**學鋼琴和下午五點前完成簡報**同時排進待辦事項清單？雖然這都是自己想做的事，但兩者所需時間範圍和努力程度卻大相逕庭。一個屬於大格局的願景，另一個則是當前必須做好的事──它們如何共存於我們的

待辦事項清單中呢？

　　清單並非一次性的事，而是持續變動調整的系統，能使你的大腦易於管理各項任務，並可確保你做到。清單是生產力的軸心，只要適切地運用，清單有助於你打理好自己的人生。它們使你誠實以對自己必須做的事及做事時程。清單讓你信任自己不會「遺漏」任何事情，並且釋放你大腦的空間好思慮其他事情。從長遠來看，規畫清單有助於你大幅提高生產力。博恩‧崔西（Brian Tracy）在《想成功，先吃了那隻青蛙》（*Eat That Frog! 21 Ways to Stop Procrastinating and Get More Done in Less Time*）一書指出，花十到十二分鐘規畫一天的時程，「將為你省下最多兩小時（一百到一百二十分鐘），並使你自始至終有精力做事。」以擬定購物清單為例，假如我花五分鐘依據陳列區擬出一分有條不紊的所需物品清單，然後用二十分鐘完成採買，比起耗費約四十分鐘逛來逛去努力回想要買什麼、東西放在哪裡，不是更有效率。事先以五分鐘做好採購計畫，實質上為我節省了十五分鐘的時間。

　　你可以把待辦事項清單想像成一個漏斗：從你可能做或想做的一切最優先事情著手，然後根據時間、精力和優先順序，隨著每個小時過去而逐漸縮減你將實際去做的事情。我多年來運用以下的清單漏斗在谷歌從事教育訓練，並且獲致良好成果。它有助於你記住理當追蹤的事情、管理工作和生活上的待辦事項、記下會議重點、始終記得必須做的事，而且對同時應付多種行動項目很有助益。

逐個小時的計畫

　　你可以運用整個清單漏斗，或是只採用某些部分。依據你扮演的角色、職位層級或職責來從漏斗頂部往下移動，並把漏斗當成追蹤一切待辦事項的端到端系統（end-to-end system）。我輔導的人都利用漏斗來創造自己的筆記、白板及實用的範本。他們一再跟我說，這個方法不但有助於節省時間而且能夠提高生產力。

自清單漏斗頂部往下移動

　　清單漏斗使我們明白如何有效地製作從大局到細節的清單。它始於首要清單，你可以將此想像成從三千英尺高處俯瞰一切還沒納入時程規畫的事情——審視腦海中所有尚未閉合的迴圈。請記住，首要清單同時包容「工作上」和「生活上」的待辦事項。一個大腦只需要一份清單。一旦創建了首要清單，接著把各項行動項目放進一週清單之中。一週清單列出你首要清單裡將做的具體事項，並安排好做這些事

的特定日程。一日清單是當日的行事大綱，當中包括最重大的優先事項、完成它們的時間，以及日常想要追蹤的各式例行事務。一日清單中有逐個小時的行事規畫，你一個小時接一個小時地完成待辦事項的一個段落。你可以用筆寫下各項清單（這是我最愛的方式），也可採用電腦的數位形式。你也可以利用我的網站找到擬具清單所需的數位和實體資源。至關重要的是，使清單一應俱全而且彼此連動。

首要清單

你要有一份首要清單。我是用寫在記事本上的實體清單，但你也可以採用數位清單。（小提示：最好養成習慣，在每次製作實體清單後，立刻拍照存檔，畢竟紙本可能會不見！）

關於首要清單須留意的是，依據你必須做的所有事情，畫分數個特定的精力／行動型態，讓它看起來像儀表板。以下的例圖區分出工作和生活上的各項任務，然後按照完成它們所需的行動型態將其組織起來。比如說，搭飛機長途旅行無法使用手機時，可用電腦來做一些事情。或者，當你不用電腦時，可以做做家事。或者，當你發現去學校接小孩回家前還有一些額外時間，可以順便處理一些雜務。你把類似的事情歸類在一起，從而為未來的自己奠立全面成功的基礎。

下圖中有我常用的六個標準類別，而你也可以運用自己的分類方式——能夠把同類型行動歸類在一起的方式都可以。我多數的工作是在電腦上進行，但你當然會有自己的工作類型（我會保持三種或更少）。舉例來說，若你從事交易律師業務，可能會有**草擬合約**和**談判準備**這兩種不同的運用能量的類別。身為**攝影師**，你的清單上可能會

首要／清單

電腦——工作

- ☐ 開辦email訓練課程（預計10月2日）
- ☐ 完成專案提案
- ☐ 安排與馬揚開會
- ☐ 草擬電子報（預定8月30日發布）

電腦——私事

- ☐ 幫小孩登記夏令營
- ☐ 為沙維耶的生日派對製作email邀請函
- ☐ 完成寫書任務（預計12月8日）
- ☐ 為老媽設計相簿

電話聯繫

- ☐ 致電泳訓學校安排時程
- ☐ 聯絡希拉的校長討論註冊事宜
- ☐ 致電保險公司處理牙醫帳單
- ☐ 找人修理壞掉的圍籬

家務

- ☐ 整理孩子們的冬季衣物
- ☐ 為旅行備好海灘用品
- ☐ 修理紗門
- ☐ 學鋼琴

購物

- ☐ 客廳用的新地毯
- ☐ 給伊蘭的生日禮物（7月3日之前）
- ☐ 給賈德的父親節禮物（6月7日之前）
- ☐ 狗食

雜務

- ☐ 退還泳衣（至遲8月12日）
- ☐ 汽車檢修（最晚11月1日）
- ☐ 領取沖洗好的照片
- ☐ 取回送洗衣物

有**回應顧客**和**修照片**等工作類型。我們的目標不在於為每個專案建立分項，而是把相似的工作歸於一類。眼前先把首要清單想成大腦一次性的卸載。我們稍後將詳談如何把新事務（比如來自 email 的待辦事項和會議議決的行動項目）納入這份清單，以及首要清單的演進方式。你將每週檢視一次這個清單，並在每回完成某一事項時把它勾選起來。清理大腦並促進生產力的最佳方式之一就是坐下來、為腦內現有的每個開放式迴圈擬具一份首要清單。這就是本課的第一事項。它將使你的生產力大幅躍進。讓我們從上圖列出的類別著手，把大腦堅持至今的所有事情進行分類。

一週清單

關於高生產力的最大障礙，我最常提及的一項是空有一份待辦事項清單，卻沒有確切的落實計畫。

某位主管曾向我抱怨說，她的待辦清單上總是有沒完沒了的事須處理。我要求她首次上輔導課程時把清單帶來給我過目，並讓她把自己的時程表列印出來。我們坐下來從頭到尾檢視清單上每個事項，然後我說，「看來你想要做好事情，你打算什麼時候完成？」她幾乎對每個事項都回答說，「我不確定，因為我整天有很多會要開，沒有太多空檔……或許晚上可以做？」沒人會在晚間處理好所有工作，尤其是在開了一天的會議之後──這讓人精疲力竭。我們要把待辦事項視為每週行事曆的一部分，並像安排會議時間那樣排好處理待辦事項的時間。

我們應於每週開始時（週日晚間或週一早晨）檢視首要清單，並

據以製作一週清單。如果只有首要清單，我們會時時分心、耗費能量點數查看當週無意做的事情（稍後我將詳談清單工作流程）。

在擬定一週清單之後，接著檢視一下當週的時程表，然後為你計畫「閉合」的那些腦內迴圈安排時間。請記住，首要清單總括你最終想要完成的一切事情。因此，倘若你當週忙著出差或開會，不把首要清單裡的事項排進一週清單也無妨。我喜歡依據明顯的特點或主題，把首要清單中某些類似事項一起安排進一週清單裡。我在週五下午處理一些雜務、於週三晚間用電腦進行各項私人任務，週二傍晚則不碰電腦，只做點家事勞動筋骨。週日晚間是上網添購日需用品的時段。這有助於我確保，至少一週會處理一次首要清單上每個類別的事情。

發揮最高生產力的一個要素
是就一切尚未進行的事整理出一份出色的清單。
這和你正在做的所有事情同樣重要。

當你檢視行事曆時可能注意到，當週顯然找不出時間來處理待辦事項。這表示你必須①基於會議／差旅行程，務實以對自己能完成的事，或是②著手在時程表上為待辦事項騰出時間。對一週清單慎重其事，你將能免於在工作週結束時因沒能如願完成事情而驚惶失措，然後把整個週末花在達成目標，或在下週赫然發現自己的工作進度落後了。我們將於下一課進一步探討如何追蹤起伏不定的個人生產力能量，這有助於你想清楚，不同類型的工作應分別安排在什麼時段。

在一週清單中列出若干一日主題，能幫助我們在逐週的短期基礎上和更長遠的時期裡管理好能量與工作量。假設你每天都自己烹調晚餐，如果天天都須設想煮什麼才好，你一定會望而卻步。想像一下一旦設定主題會有何不同，比如說週一不吃肉、週二義大利式料理、週三新菜色、週四下廚⋯⋯主題將使煮晚餐這件事的規畫和執行更輕而易舉，它能擔保你時常嘗試新食譜，並能避免接連三天讓家人吃義大利菜（雖說**實際上**可能不是壞事）。

同樣地，設定日常工作主題可確保你的所有優先事項每週都獲得專注。你可以把週四設為「行政工作與開銷統整」、將週五訂為「客戶追蹤」。

在製作一週清單時，主題最好保持始終如一，以形成一些模式。你可依據日常已在進行的事情設立主題。如果你每個週一召開團隊幕僚會議，或許可以把它歸入「人資管理」主題，你也不妨在同一天安排若干私人的會面行程，亦可根據首要清單的區塊來畫設主題。你也能偶爾按照差旅等行程來調整主題。而當你在特定的日子有了預料之外的自由時間，始終一貫的主題會很有用，因為你可立即參考這些主題來確認自己可以做什麼。

一週清單列出你從首要清單選擇的當週能做的特定事情，並訂出執行時段。假若你開會後有了須在當週完成的決議執行項目，且當日無法著手去做，也應列入一週清單。這個清單也可追蹤你想養成的各項習慣，比如說冥想或是運動。這有助於驅動你每天創製一日清單。

一週／清單

本週三大優先事項	計畫執行時段
☐ 完成專案提案——2小時	日期 週二早上
☐ 幫小孩登記夏令營——60分鐘	日期 週三傍晚
☐ 為經理草擬電子報——30分鐘	日期 週四早上

本週能做的其他事情	計畫執行時段
☐ 到大賣場退還泳裝	日期 週五下午
☐ 整理孩子們的冬季衣物	日期 週二傍晚
☐ 致電瑪莉的校長討論註冊事宜	日期 週四午休時間
☐ 為沙維耶的生日派對製作邀請函	日期 週三傍晚
☐ 訂購學校派對用品	日期 週日傍晚
☐ 整理浴室儲物櫃	日期 週日傍晚
☐ 與老媽視訊聊天	日期 週五早上
☐ 安排全家露營行程	日期 週三傍晚

每日主題

週日 準備日用品和食材
週一 工作規畫與籌備／洗衣服
週二 輔導課程／家務
週三 專案／用電腦處理私事
週四 行政工作／整理庭院
週五 email與後續追蹤／雜務
週六 休閒娛樂

追蹤各項習慣

冥想 ○○○○○

健身 ○○○○○

走進 大自然○○○○○

追蹤

下週必須思考的事情

下週的委員會議

一日清單

　　一日清單安排諸事的**執行時段**，每天用它來為時間把關。我在谷歌的某些同事會在大型白板上製作一日清單模板，其他人則每晚用白板筆為翌日的清單填入待辦事項。多數人喜歡用數位工具，以便每日更新。不論你偏好哪種方式，擬具一日清單應掌握重中之重，並呈現個別任務及各項會議，這有助於你發揮更高的生產力。

　　清單第一區聚焦於絕對優先事項：你每天一**定得**完成什麼事？在做好這件事之前，其他一切都只是次要。我們都有種自然的傾向，慣於先從「較易處理」的小事著手，因為這會耗用較少的精力。而博恩・崔西在《想成功，先吃了那隻青蛙》一書指出，盡可能先做最艱難／最重要的工作很有益處。這麼做能使你當日接下來的時刻充滿成就感，而不是承受著未竟職責的重擔。我的社區有條令人心曠神怡的散步路徑。當我朝左邊走，剛開始時要越過山丘，而往右則是最終要走上坡路。任何時候我朝右邊走時總是想著，最後還有一大段山路要走！而往左走時則會先產生成就感，然後便能享受接下來的散步。

　　一日清單中**其他優先事項**直接來自一週清單。你當天打算投入什麼事情？什麼是你有時間做且符合每日主題的事？假若你對製作一日清單感到為難，可想像一下自己被告知明天起休假一個月，否則將白白失去這些假。那麼你會**確保**什麼事在開始休假前完成？就以它作為一日清單的起點吧。

　　如果你在早上有會要開，而且被指派當天完成一項任務，便把這些加入一日清單的**其他優先事項**區塊之中。至關重要的是，在每小時計畫裡也應為**其他優先事項**安排時間。如果它在你的清單上，那就該

一日／清單

最優先事項	今日感激的事：
完成專案提案！	妹妹陪我共享晚餐！

其他優先事項：

- ☐ 就2025年度預算回應巴芙娜
- ☐ 整理孩子們的冬季衣物
- ☐ 策畫下週的輔導課程
- ☐
- ☐
- ☐
- ☐

每小時計畫

7am	準備早餐
8am	送小孩上學／處理email
9am	完成專案提案
10am	完成專案提案
11am	回覆email和檢視輔導課程申請表
12pm	吃午餐與散步
1pm	開會
2pm	開會
3pm	送交2025年度預算給巴芙娜／閱讀email
4pm	開會／檢閱email
5pm	通勤返家／準備晚餐
6pm	吃晚餐／陪小孩玩遊戲
7pm	整理孩子的冬季衣物

雜務

訂購狗糧
致電承包商討論油漆顏色

正念時刻

- 工作時關閉email ●
- 靜觀30分鐘 ○
- 走進大自然 ○
- ○

明天的優先事項

排進你的行事曆。每小時計畫亦應涵蓋諸如通勤、健身、開會、檢閱和回應 email 等事情（第十六課將詳談 email）。你可以把這一天的活動想像成一場服裝秀彩排。一日清單可以是實體的清單（我偏好這種形式，寫下來實質上可幫你牢記事情），或是數位行事曆的一部分。我們可能不會總是確切地依照計畫過日子，然而倘若沒有計畫，事情**毫無疑問**不可能依你的構想進行。

我的一日清單上還有一處列出若干待辦的雜務。這些是只需五分鐘或更少時間就能處理好的小事，可利用一天裡未規畫的空檔時間來完成。有些當日發生的小事可能必須在一天結束前做好。倘若你在早上想到當天過去之前必須打電話給房東，便可把此事加入雜務欄裡。你是否有其他處理起來比預期還快的事呢？比如說，上網迅速訂購一項必需品。在一日清單裡備好雜務欄，能確保你善用每天的分分秒秒，你將可避免在空檔時間努力想「接下來要做什麼」。

我的一日清單最終的區塊留給當日未完成而須在隔天繼續進行的事。這是很重要的步驟，可擔保我不致遺忘還沒做完的事。還要記得在一週清單上把已完成的任務勾選起來。在事情完全做好之前，不要把它們從清單漏斗較上層的清單中畫掉，要保證自己在檢視清單時能想起，事情是否已圓滿完成。我總是在晚上填寫隔天一日清單的待辦事項（第十二課將深談此事為何如此重要）。我的清單上還有一個區塊可寫下心中感謝的事。我發覺這可以為自己增添思考事情的角度。在進行一天的行程、處理各待辦事項的過程中，我喜歡往上看向一日清單的最頂端，並回想這一天裡令我感到幸福的那些事情。

其他清單

　　清單還有一些沒提過的用處，可作為補充，且應存在於你的常態清單漏斗之外，因為它們屬於不同的工作流程。

採集清單

　　當我們坐在電腦前或面對各式清單時往往不易想出最棒的點子。最出色的想法總是在我們淋浴、通勤或遛狗時油然而生。我在引言曾談到**生產力 5C**，其中一個要項就是**採集**。我們在採集清單寫下大腦開啟的任何迴圈，這有助於我們在開放的腦內迴圈與封閉的腦內迴圈之間搭起橋梁。你可以把採集清單想像成迎面而來的事情的停車場或暫存區，直到你能夠徹底加以分類、排進首要清單某個區塊。我們時常要求自己把事情「記在大腦裡」，而大腦往往因不勝負荷以致遺忘掉許多事情。因此，我們要踏踏實實做筆記。

　　採集清單最重要的兩個特點是①易於隨處存取（通常儲存於手機和電腦），及②你可運用語音轉文字聽寫功能來增添事項。你的採集清單應是自己思考的各類事物的大雜燴，它可涵蓋所有必須分門別類的種種行動項目。比如說，「致電茱麗葉的學校幫她請假」、「就景觀美化事宜發 email 給房東」、「購買門廊用的燈泡」等。這些都是你當前想做或隨機想到的事，你把它們全都放進採集清單。然後，在檢視首要清單時，應參考採集清單，把其中一些事項轉移到首要清單的恰當區塊裡（稍後我將細談整個流程）。

　　谷歌全球行銷資深副總洛琳・圖希爾（Lorraine Twohill）為我們示範了採集清單的一個最佳用處。她運用 Google Keep 來採集任何能

啟發創意的事物。不論那是一則廣告、一張照片、一句引言，或是她自主思考的結果，她從不讓自己錯失任何富創意的想法或主意。一旦它們出現於腦海中，就立刻放進採集清單裡。她在此匯集和消化新近的啟發靈感事物，而且這將成為她擘畫未來願景和採取落實行動的參考。

「收藏」清單

這個清單納入你來日想做的事、想去旅行的地方、想讀的書，而這不必然是日常待辦事項清單的一部分。舉例來說，你可能有打算閱讀的書籍清單、想學會的鋼琴曲目清單，或是想嘗試的食譜清單。我們將在後續的章節進一步探討，如何騰出時間來閱讀和學琴。然而，這類清單將存在於你的首要清單之外，你保存它以增補首要清單，並且規律地（每個月一次）或是在必要時（當你讀完一本書而且須讀新書時）查看。

購物清單

把必須購買的每項物品都添加到首要清單的採購區塊，難免顯得累贅。更好的做法是，另外列出一份購物清單以備隨時取用。這最適合儲存在手機裡，既可與電腦同步、分享給你的配偶／伴侶／室友，也能透過語音聽寫來存取（當你的手因打破最後一顆蛋而弄髒時，便能運用語音轉文字聽寫功能來把「雞蛋」加入購物清單）。我在每週出發採買前，都會查看一下數位購物清單，然後把需要的一切複製下來，另外按照商店的區域劃分方式（農產品、乳製品、肉品、穀物、

冷凍食品、零食、飲料、通道等）來製作一個清單，接著拍照存檔。
當我不期然經過商店時，便能拿出手機查看購物清單，然後迅速地採
買我和先生列進清單的必需品。（請上我的網站參考我的購物清單範
本。）

清單漏斗工作流程

　　好的工作流程能使生產力提升到更高層次。你可能得事先花一
些時間來製作首要清單，而在完成首要清單之後，每日和每週將只需
用幾分鐘來維護這個系統。你可從下圖看出這會是什麼樣的情況。多
數時候，在待辦事項來來去去的過程裡，首要清單本身將維持始終如
一。假如你製作了數位式首要清單，將能在每週例行檢討時，簡單地
把已完結的事項移除。倘若你使用實體的首要清單，也可單純地在夠
多的事項完成之後，用新的紙張從頭開始製作首要清單。然後每週
（週日晚間或週一早晨）擬定一份一週清單，並每天製作一日清單，
接著從採集清單中取來一些事項。儘管這些步驟看似須花費一些時
間，但實際上只需幾分鐘就能做好。把它們併入你的時程表和工作流
程之中，就能成為你習以為常的事。清單可以獨立運作，而工作流程
使其成為一個系統。確立標準工作流程便能信任自己會定期檢視各清
單，就免於承受「各種期限」造成的壓力，因為你的進度將超前。倘
若我的首要清單上有個專案須在兩個月內完成，想必我每週檢視首要
清單時會不斷留意其進展，而不會讓期限悄悄逼近，而且會確保「最
後一分鐘」來臨前有充足時間完成專案。運用清單漏斗創建無懈可擊

的工作流程，將使你的進度表很有餘裕。

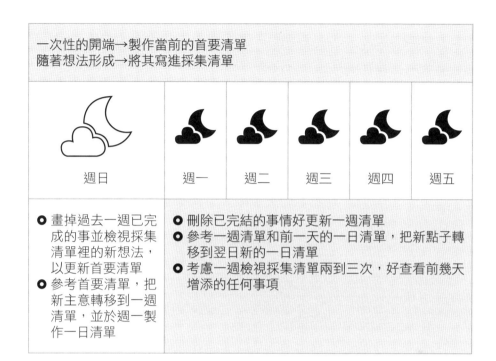

一次性的開端→製作當前的首要清單 隨著想法形成→將其寫進採集清單					
週日	週一	週二	週三	週四	週五
<ul><li>畫掉過去一週已完成的事並檢視採集清單裡的新想法，以更新首要清單</li><li>參考首要清單，把新主意轉移到一週清單，並於週一製作一日清單</li></ul>	<ul><li>刪除已完結的事情好更新一週清單</li><li>參考一週清單和前一天的一日清單，把新點子轉移到翌日新的一日清單</li><li>考慮一週檢視採集清單兩到三次，好查看前幾天增添的任何事項</li></ul>				

　　我們「四處奔波」的忙碌程度因人而異，你或許會發現自己有必要更頻繁地把採集清單上的事項轉移到首要清單。你可以每週做兩到三次，或者甚至在每天傍晚擬定隔天的一日清單時進行。而當你檢視首要清單時，若想起某件事情，沒必要先把它加入採集清單，只要直接放進首要清單。或者，假如你想到當天有件事必須完成，那就直接把它添加到一日清單裡（要確保你有時間做這件事！）

清單使你的生產力充滿活力

　　最重要的是有效運用各項清單。當有新點子形成、有了額外的時間、必須查看已完成及未完成的一切事情時，你都需要記錄及整理。而清單漏斗可幫你辦到這一切。

　　你把各項任務、職責和大大小小的待辦事項安排得有條有理，將更明確地領悟如何權衡輕重和決定事情的優先順序，還能夠把每日和每週的進度表管理得日臻完善。你將日益得心應手，而且習慣成自然。清單漏斗和各項清單是不可或缺的生產力基礎，為了使其效用發揮到極致，一定要領會借助清單的方法善用時間。

上線時間課後小練習

- 清理大腦並擬定當前的首要清單。
- 借助一週清單和一日清單來運用一週的時間。
- 在手機裡增添一個採集清單（藉由 Apple Notes 或 Google Keep 等功能）以捕捉還不在清單上的任何點子或是腦海中的開放迴圈。
- 增加一個購物清單到手機中，以便在廚房弄髒雙手時，運用智慧家庭裝置的語音聽寫功能加以存取。

第 2 部

該何時做

第4課

領悟精力流

　　我輔導的一位客戶在美國西岸廣告公司擔任主管。他領導一個常駐紐約的團隊，而且在加州也有同事。我問過他哪個時段精力最充沛，他回答說，「早上！我毫無疑問是晨型人。」接著我又問道，「所以你早上主要在策略工作上全力以赴？」他答道，「不，我整個早上都和東岸的團隊開會，因此我實際上是在下午能量低落時處理大部分工作。」你可以看出為何他自覺生產力沒能發揮到了極致。他聚焦於工作的時段並**不適切**，沒有考量到自身的精力水準。

　　相較於計畫做**什麼事**，做事的**時機**甚至更事關重大。雖然我們無法掌控某些時間區塊（例如會議時間），但我們該了解自由時間區塊並非全都具有同等的價值。重要的是，弄清楚**自己**做特定工作的最佳時機。

　　我們都能意識到自己何時精力最充沛且靈敏，以及什麼時候很難

進入心流狀態。遠距工作讓許多人省下通勤時間，中午可以散步和休息，早一點或晚一點開始工作，這使得人們能夠清晰地重新審視自身的精力流。有些人屬於夜貓族，而有些人則屬晨型人。這是內建於我們的系統裡的模式。牛津大學出版社刊行的睡眠學會二〇一六年調查報告等新近研究顯示，我們的「時型」（chronotype）——個人畫夜節律（circadian rhythm，或稱生理時鐘）——主要取決於基因。我和我先生兩人的行事曆**正好**相反。當我覺得精疲力竭（通常大約在下午兩點），此時卻是他最喜好的健身時段！我喜愛早晨六時起床為一天做好準備，而我先生習於晚間十一點我昏昏欲睡時大談財務問題。我的小孩從嬰兒時期開始也都有各自的畫夜節律。我的女兒一到晚上便覺得累，因此不在晚間看書，喜歡早上閱讀或聽有聲書。午餐時間前後則是她最富創意的時段，這時她熱愛才藝活動。這些畫夜節律已是我們內在根深柢固的一部分。如果我們能夠把它們琢磨透徹，將可使空檔時間發揮**最佳效用**。

不是你的行事曆上所有時間區塊
都具有同等的價值。

仔細觀察自己的生產力模式

我總是要求剛來上輔導課程的高階主管們在登記資料時回答一

些問題，當中之一是，假如你明天有一整天的時間，不必開會、無人打擾、不須出席常設委員會，但有一大堆事情得完成，這時你將如何規畫這一天？這個問題能有效促使你著手想清楚自己最富生產力的時段。對某些人來說，答案可能是：早上九點起床、處理 email 或看產業新聞、散步、午餐、埋首工作到晚上七點或八點，甚至可能持續工作到午夜時分。而有些人或許在清晨五時起床、中午健身、下午二至四時休息、傍晚前精力耗盡時做做輕鬆的 email 分類。在你的桌上備好記事本，用兩週時間隨時記錄自己實質感到生產力旺盛的時刻，並寫下各項相關的條件。我自己感受到的最能進入心流狀態的時段大致是：

- 早上八點到下午一點之間的時段
- 當沒有人和我共處一室時
- 喝過咖啡後兩小時之內
- 聆聽演奏樂曲（但不致過於投入）時
- 使用筆電、沒盯著雙螢幕、可以處理多項工作時

　　觀察自身生產力最旺盛和最低落的時段，持續數週把它們記錄下來，並找出自己的生產力模式，好對自己的獨特精力流產生更深入的了解。

找出你的威力時刻

　　你一旦摸索出自己的生產力模式，就能時時盡力模擬那些理想

的工作條件。這有助於你實際上縮小範圍，找出我所說的「**威力時刻**」（power hours）——**你一天裡最高效的兩到三個小時**。高效可有多種不同的意思，而威力時刻指的是全力以赴、心無雜念、有策略地工作。按理想來說，你在威力時刻致力於個人三大優先事項相關的任務。你可以把威力時刻想像成最優質的使用精力點數的時段。這是你感到最「得心應手」的時刻。在這些時段裡，若坐下來開會就是浪費時間，因為那是你把個人生產力發揮到極致的最佳時機。就我個人來說，威力時刻通常是上午九至十點。

有時你會發現，你的威力時刻裡有一部分時間不是自己能夠自主安排，比如說經理召集會議或是送小孩上學的時間。這也無妨！你就試著在某種程度上配合那些事情。盡力把威力時刻安排來從事自己的工作，即使一週只能做到一至三次，或者每三個小時僅有一小時能用來做自己的事，也將使你感受到自己對工作和待辦事項的掌控出現了巨大的改變。

我先前提及的主管已開始每週兩天上午只埋首於自己的要務。他竭盡所能把所有與東岸團隊的會議安排在其他三天早上。據他表示，這使他整週的生產力至少提升了三成。他不再於精神不濟時工作而致灰頭土臉。有無數客戶告訴我，**時程安排上的這種轉變使他們的整體生產力與過往有天差地別**。找到你的威力時刻，然後調整日程表，把威力時刻保留給三大優先事項，這個小小改變將為你帶來最大差別。我輔導過的一位主管以往總是於正午吃午餐，後來她領悟到每天上午十點到下午一點是自己實質的威力時刻，於是把午餐時間推遲，從而發現她最具生產力的時段先前竟然都用來吃午餐！

「離峰時刻」該做什麼

　　我把一天中精神最不濟的時刻稱為「離峰時刻」（off-peak hours），這是「威力時刻」的反面。我所謂的離峰時刻並不是發生於工作日之外，而是落在能量達到巔峰的時刻之外。倘若你是「晨型人」，離峰時刻可能是在下午這段期間，而假如你是「夜型人」，你在早上八點或許還沒有足夠的精力著手執行一日清單。在這個離峰時刻，你能做什麼呢？這時就適合喝杯咖啡並了解一下最新的情況、送交各項費用請款單、處理可迅速回應的 email，或做其他低度耗用精力的事情。

　　雖說似乎有違直覺，然而當精神不濟時，我們卻有可能會更具創意。當我們較不能專注時，將較能考慮更廣泛的想法和進行各式連結，因為這時大腦將會有點「模糊不清」。根據阿爾比恩大學（Albion College）心理學副教授馬雷克・維斯（Mareike Wieth）的研究，人們在下午或其他感到有點累或昏昏沉沉、難以專注的時刻，將較有創意。此時也非常適合散散步、讓心思自然而然遨遊。

　　重要的是記得，儘管我們的時型主要由基因決定，仍然可以時時確認自己的作為行不行得通，並始終能夠測試我們關於特定工作最佳執行時刻的種種假設。在寫作此書期間，我相信自己在威力時刻將能寫出最好的成果，於是把每天的威力時段用來寫書。然而，數週之後，我發現這些精力充沛的時刻更適宜用來擬寫作大綱、修修改改、做出寫作相關的決斷。與原先的預期相反，我在能量低落時寫作更具創意，而且最能進入心流狀態。最後，我全然依據這個領悟調整了日

程表和工作時段。

順勢而為

領會自己的威力時刻與離峰時刻有助於掌控時間。你將把最優質的時光留給特定的事項，就能確保有充沛的精力做事，並將創造更出色的成果。達成這些理想的最佳方式是思考：我在什麼時候能夠興致勃勃地執行這項要務？然後安排這個時段專注於完成此事！提示：假如你坐下來做事時內心嘆道「唉……」，那麼此時可能不是做這件事的最佳時機。倘若你沒心情做這件事，可以不要勉強自己。（只要備好清單漏斗，你將能在期限前完成它！）你該想一想，此時進行這個工作究竟是如同逆勢而為還是順流而行？當我們著手做事的時候，總是期望能順風順水、得心應手。秉持這樣的認知，你允許自己於精神不振時做低度耗能的事情，並在活力最充沛的時段把生產力發揮到極致。

當你能興高采烈地做某件事時，就應充分利用這段時間。如果你原先規畫工作兩小時然後休息，但實際做了兩小時事情後仍精力充沛且興趣盎然，那就繼續努力吧！我通常把週四訂為休息日，然而有時我在週四早晨醒來時覺得幹勁十足，於是即使當天原本沒計畫要健身，仍然會練一波！為生產力和精力流做好規畫將帶給你巨大的改變，不過你也可於當下重新思考，此刻自己究竟想要或是不想要做事。

你了解了如何分辨與設定自己的優先事項，而且學會怎麼確認達

成各項優先事項勢在必行的任務。你也已明白如何友善拒絕他人同時保護好自己珍貴的時間。你已領略到製作清單、追蹤工作流程的絕對重要性。你也清楚怎麼判定什麼時候對自己來說是進行優先事項的最佳時段。然而，要用什麼方法把這一切有價值的知識綜合成行之有效的時程表呢？其實方法比你想像的容易得多。

上線時間課後小練習

- 在桌上備好筆記本，於兩週期間隨時記錄下你進入心流狀態、發揮高度生產力的各項條件。特別留意你的模式。
- 弄清楚一天裡你最能專注做事的兩到三個小時。盡可能時常保留給最優先事項相關的任務。
- 把離峰時刻用於開會、腦力激盪、追蹤最新訊息、閱讀產業相關文章，或處理例行行政事務。

━━━▲━━━
第5課

零基時程規畫法

　　當會計師為下個年度編列預算時，有時會運用所謂「零基預算法」（zero-based budgeting）。這個方法大致上是指不必藉由檢視過去一年的預算或花費來估算新年度所需經費。我們從零開始並且思考，依據現今所知，我們實際上需要多少預算？此種心態能夠平衡所謂的「**稟賦效應**」（endowment effect）。這個心理學上的發現指出，跟尚未擁有的事物（或還沒排進時程表的會議）相比，人們更可能賦予已經擁有的事物（或已排在行事曆上的會議）更高價值。我喜歡用這個原則來收拾衣物，並把它稱為零基衣櫃整理法：假設我的衣櫃是一間服飾店，當我**今天**進去採購時實際上會買哪些衣物？

　　這樣的思維模式有助於我們擺脫把習以為常的事物保留下來的觀念，轉而專注於**當前**真正需要的事物。這也正是我所稱的「**零基時程規畫法**」的基礎。我們藉此以嶄新的觀點看待各項承諾、會議和優

先事項，從而思考最理想的時間安排方式。我喜歡給人一份**完全空白的日曆**和一枝筆，然後觀察對方的反應。這會給人一種重新開始的感受。突然間，人們彷彿成為自己人生的規畫師。（他們確實是！）當我輔導客戶時，我們會一起坐下來草擬全新的理想的一週行事曆範本。有些事情顯然無法排除，還有各項承諾務須信守，然而我們用範本作為腦力激盪、擬定完美時程表的起點。你可以把這想成，先確認自己行事曆的「各項構成要件」，然後在這個基礎上增添事物。而任何人都可以透過幾個簡易的步驟辦到。

在全然空白的行事曆上依序加入這些事項：

1. **無法排除的種種事情。**（就預算編列來說，你可把它視為不容討價還價的必要開支。）這可能是經理召集的幕僚會議、送小孩上學，或是其他任何必須遵守的承諾。

2. **你的威力時刻和應急時段。**為自己訂好全力以赴工作的時段，即使三小時的威力時刻只能撥出一小時，或是每週僅有一兩天能運用威力時刻也無妨。在一週期間能用到的屬於威力時刻的任何時間都無比珍貴。你可能會留意到，某些日子的威力時刻比其他時日更加優質。每週五早上九到十一點是我所有威力時刻裡最具活力的時段，因為在週末前我有十足的完成事情的動機。於是我**確保**每週能善用這些時段，並安排它來進行最重大的專案和最具策略意義的任務。你也可以依據第二課的建議，規畫時段來處理緊急事務。

3. **你的離峰時刻。**可用來做每天例行的事（午餐後散步、分類

email、紓解壓力、追蹤產業相關新聞等），或是一次性，或者一週一次的事情。比如說，你知道自己每週一開完兩小時幕僚會議後總是需要一段休息時間，就可以在行事曆上預先安排好。我們**也**可把能量低落的時刻標示起來。我很清楚自己每週四上午總會覺得有點不堪負荷且感到疲倦，而且我並非特例——在我教導結合芭蕾、瑜伽和皮拉提斯的芭蕾塑身運動（barre workout）課程十年期間，每週四學員始終最少。這是因為自週一接連忙碌工作三天後，眼看著須竭盡全力的週五還沒到，週四這天大家就是沒心情上鍛鍊課。週四是大家普遍需要喘息的一天。我也覺得自己週四無心工作，因而總是盡可能避免在週四進行重要的會談、出席決策會議、啟動新專案，或是參與策略研商。你可能一整週都為家人煮晚餐，而在週四時感到厭煩，結果始終對週四晚餐心很累。那就安排這天吃隔夜菜或外食吧。我女兒先前於週四放學後接受體操訓練，但我覺得她週四總是沒力氣，因此幫她把訓練課調整至週一下午，她有了截然不同的體驗。了解自身精力水準的各種模式能使我們的人生變好。而依據這些模式事先做好時間規畫，甚至將帶來更大的改變。

4. **你的各個控制點**（points of control）。這是你一週時程規畫過程的一些小時段。它可以是週一早上或週日傍晚創造一週清單的短暫時光，或是一天結束前為翌日準備一日清單的十到十五分鐘。假設你的主管要召開兩小時的幕僚會議，而你任何時候開完會後總是立刻感到精疲力竭，這可能是出於會議時間很

長，或是因為會後你往往必須處理議決的待辦事項。不論如何，著手把會後三十分鐘規畫為自主控制的時段吧！每週有了這三十分鐘，你將獲益良多。我輔導的一位高階主管發現，假如他週一早上沒有安排一個小時來處理 email、製作一週清單、與助理會談，那麼當週的工作效率估計至少將降低兩成。當我在銷售部門任職時，一直努力把週一早上保留給提案／電話行銷相關準備工作、週二至週四用於一週一次和一次性的銷售拜訪、週五安排給提案後續追蹤和結案。維持這樣的條理使我從未沒做好準備就貿然拜訪，也未曾在後續追蹤上粗心犯錯。

5. **每日主題**。通盤掌握一週期間各日主題對於我們很有幫助。樹屋（Treehouse）創辦人萊恩‧卡森（Ryan Carson）、Thrive Global 執行長暨《哈芬頓郵報》（*Huffington Post*）共同創辦人亞莉安娜‧哈芬頓（Arianna Huffington）、Spotify 執行長丹尼爾‧埃克（Daniel Ek），以及 X（前身為推特）共同創辦人傑克‧多西（Jack Dorsey）等商業領袖全都擅長運用這個方法。每日主題有助於我們深入探究一個議題，及避免不斷切換課題／內容或我所稱的「令人迷惑的時程規畫」（puzzle scheduling），也就是把眾多不同議題和不同類型的會議排在同一天，並且一再地轉換情境。醫生通常按主題來安排日程表，比如說週一門診、週四開刀、週五追蹤病情。發表於《實驗心理學：人類認知與表現期刊》（*Journal of Experimental Psychology: Human Perception and Performance*）的一項研究顯示，

大腦若不斷地切換專注的對象，將造成時間與精力耗損，並且導致效能低落。這是我們在度過「雜亂無章」的一天後都會有的感受。

藉由宣告一日主題（甚至於半日主題），我們將能夠①深度探索議題，因為我們長期以來都在進行相關思考（想像一下在同一天裡開專案會議、進行一對一深談、推展個人工作全都聚焦於同一議題），以及②確保自己會持續全面追蹤所關切的事物，而且至少每週進行一次。倘若我安排週四來處理**行政事務和 email**，或是推動我的**大格局專案和願景**，我確信自己不會超過一週都不去碰觸這些事情，而且從週一到週三，我都不致為行政事務感到焦慮，因為在週四會處理！你也可以設定個人任務主題，比如說**週日購物和備餐、週一洗衣服、週二做其他家事**。我每天都有工作主題和個人主題。有個人主題的一個好處是，不必把洗衣服等一直在做的事加入清單漏斗裡。你知道那是自己將會持續完成的事情，而且你始終有一個設定好的時段來做這件事！我稍後將在第十七課詳談，如何擔保自己每週一會確實洗衣服！

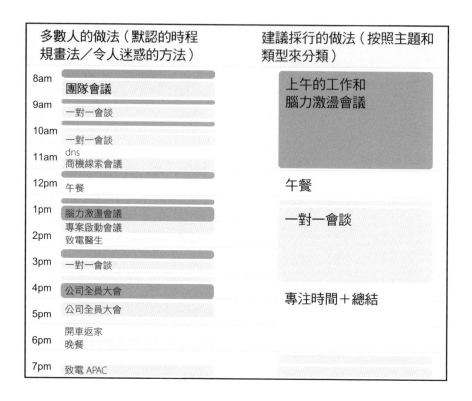

無計畫日的價值

　　事先規畫好會議與工作時程固然很棒,但也不要低估偶爾整天完全不預作安排的價值。假如你能夠在一天裡不開任何會議,就這麼辦吧!不必開一場會或履行任何承諾的一天,甚至與只在下午兩點開三十分鐘會議的一天都差別很大。基於某些原因,即使只有一個會議、又只有三十分鐘,感覺就是負擔很大,整天都在想著它。

　　我們有時可以練習一下,在不做任何時間規畫的情況下進行工

作。這時你將感到自己全面掌控必須做的事和做事時間，並重新連結到你最自然的生產力模式。

善用自己的範本

現在你已有了**理想**的時程規畫範本可用來啟動一週。你已確切領會如何安排時間、全力以赴工作，也明白自己每天大致要做哪些事，並且清楚自己真正能夠專注和難以聚精會神的時段。善用此範本作為你展開一週的起始點，並允許自己依據有沒有精力和足夠專注來推進相應的各項任務。在一週清單裡，你列出必須不遺餘力完成的具策略性意義的事項，大體上也為自己的威力時刻擬好了計畫。假設有人問你，接下來三週期間有沒有空一起喝咖啡聊職涯規畫，你已明白適合利用哪些精神不振的時段來做這件事。如果沒有自己的時程規畫範本，你只能告訴對方，「我會在行事曆上找出空檔！」結果喝咖啡聊是非可能占用掉你的威力時刻，或是干擾到你打算休息的時段。我們理應為工作和會議預留時段，然後在了解自己的工作量和可能發生的事情後，為每週做好更具體的細節規畫。

按部就班的做

你或許心想，理想的時程規畫固然很棒，但我不能為此毀了整個行事曆，然後重新開始安排時間！或者你可能想說，我對自己的日程表沒有太多控制權；我必須參加各項會議或履行各項承諾！有些會議

確實會占用我們保留給自己的時間，而我們做出接受的決定時應了解一些情況——明白自己實際上放棄了什麼，以及這將對時程表造成什麼樣的漣漪效應。備好自己的日程規畫範本，會在同意必要的會議時內心好受一些，因為你一整週已安排好目的明確的工作時段。

別認為這會毀掉你當前的行事曆。

要著眼於**未來的你**做好時程規畫。

你可以把時程規畫範本想像成理想的一週計畫草案。你的日程表絕不可能百分之百符合理想範本，然而如果沒時間規畫範本，你的進度表甚至難以達到一成的理想標準。即使你的一週行事曆只有一、兩天符合理想的範本，也將感到自己更常進入上線時間。

我們可以把它當作未來三個月的轉變過程，或是類似新年、新工作這類具有里程碑意義的變化。我們能夠漸進地調整自己可掌控的會議時間、開始逐步規畫精神不濟期間或威力時刻可做的事。堅持這些畫定的時段、觀察自己適切運用威力時刻和精力匱乏時段的感受，並且順勢進入你自然而然的心流狀態。著手檢視自己在對的時間做對的事，或是設定每日主題，能夠獲致多麼優質的成果。

以我的行事曆範本為例

主題	人資管理	輔導課程	專案工作	行政事務	email 和後續追蹤
	週一 **25**	週二 26	週三 27	週四 28	週五 29
8am					
9am	跟上進度、更新首要清單、查看採集清單、製作一週清單和週一的一日清單	威力時刻	會議時段	會議時段	威力時刻
10am					
11am			進行大格局專案、會議、工作	低耗能事務／行政工作	清理 email 檔案夾
12pm	與團隊成員一對一會談時段				
1pm					
2pm	經理召集幕僚會議	輔導課程		會議及跟上進度的時段	會議時段
3pm	低耗能事務				
4pm					無計畫
5pm	製作隔天的一日清單	製作隔天的一日清單和查看採集清單	製作隔天的一日清單	製作隔天的一日清單和查看採集清單	
6pm					

　　正如同沒有銷售業績目標將難以達標，假如沒有理想的日程表範本，你規畫不出渴求的行事曆。有些人持續地安排精力低落的時段來進行具高度影響的任務，卻始終不了解為何達不到想望的成果。確認自己的生理時鐘和精力流只是首要步驟，若能善加規畫將使我們的每週表現突飛猛進。轉換到更理想的時程規畫方式，有助於我們重新檢

視自己的時間和各項職責，好看清自己當前的做法適不適當。

上線時間課後小練習

- 列印一份空白的一週行事曆，深思熟慮地嘗試一下零基時程規畫法。
- 填入無法調整時間的事項、你的威力時刻和離峰時刻，及組織事情和結案的時段。
- 試著訂出每日主題或半日主題，即使一週僅有幾天也無妨。
- 觀察自己怎麼務實地開始適應這個方法。這可能只需幾個小步驟！

第**6**課

重新檢視時間

　　我有位主管同事已在谷歌服務近十五年，在本書中我將稱她為蜜雪兒。她在全球各地扮演著多種角色，並且和多個團隊共事。為了從行事曆中找出時間來思考及擘畫大格局願景，蜜雪兒曾向我尋求協助。

　　我們做的第一件事是攜手重新檢視她和支援團隊的時間安排。我們列出她必須持續履行的每一項承諾，然後依照每週平均投注的時間來對她日程表上的事情進行分類。我永遠不會忘記她看到一切重新安排之後的反應。當她瀏覽清單時，我可以感受到她逐漸從驚訝轉變為興奮。她開始說道，我完全忘了自己獲邀參與此事！我們全然可以取消這個安排。我現在或許能夠停止做這件事了。過去我為了舊團隊而加入這個委員會，如今這與我已不相關。我和這個人會談的時間真的超過其他三名下屬的總數？現在我想把會議時間從一小時縮短為半小

時。這位女士對我的工作來說已無關緊要，把我們每月一次的會談改成每季一次。她的助理一邊聽一邊忙著做筆記。她終於清理掉行事曆上多年未更新的會議、承諾、拜訪安排，就像是小孩離巢獨立多年後著手整理衣櫃或閣樓那樣。她的日程表上突然有了各種開放空間，可用來安排其他要務。

在上一課，你已學會創造自己的理想行事曆模板和時程表範本。要了解如何使範本發揮最大效用，你必須檢視自己**當前**實際上怎麼分配時間。你可能已從「選擇優先事項」和凸顯最重要活動等學習，對此有了整體的概念（比如說，你實質上對自己關切的事物投注了多少時間？），然而用具體的方式來取得相關資訊會很有幫助。我們不難記得自己每兩週和某人會談一次，或是自己每週擔任小孩學校的家長代表，然而我們知道自己總共在這些事上用掉多少時間嗎？我們只會有模糊的認知，直到像前面提及的谷歌主管那樣通盤檢視、把全部事項一一攤開細究，從而對一切產生全新的清晰看法。這就是我們重新檢視時間安排的原因。

掌理自己的時間，別被時間控制。

如何重新審視自己的行事曆

對多數人來說，開會的次數和時數是時間管理上的一項重大課

題。然而，並非所有人都從這個角度思考自己的時間規畫。以下是一些可行的自主檢視和分析日程表的方式，你可依據自己最關切的點來做選擇：

- **專注 vs. 協作**：你投注多少時間全神貫注地工作？對比之下，你投注多少時間和他人共同打拚？這是適合你的工作模式嗎？

- **推 vs. 拉**：你主動**推進**事情的時間占比，對比你被**拉去**做事的時間占比。

- **個人時間 vs. 工作時間，或是甲工作 vs. 乙工作**：工作時間是否「滲進」你的個人時間？或正好相反？尤其是自由工作者、到處兼差的人或在非傳統時段工作的人，了解自己總共投注了多少時間工作、工作與生活是否達到自己想望的平衡，會很有幫助。

- **各項責任**：你是否陷入行事曆上未列出卻仍不斷耗費時間的種種隱微承諾的泥淖之中。假如你有許多承諾必須履行，你可以把它們全都寫清楚，然後看看自己實際投入了多少時間，並一一進行比較，以確認自己可以卸下哪些責任。

- **定期會議**：你是否仍在參與已無實質意義的會議？對於是否出席會議及會議時間具有發言權的人，這是清理那些盤據行事曆的非必要事項的一個簡易方式。請秉持「零基心態」想一想，倘若我今天被邀請去參與這項會議，我會接受並且每週／每月必定出席嗎？就如同註冊使用影音串流服務那樣，我們報名參加一項定期會議，在主動取消之前，將一直擺脫不了它。

　　以下是重新檢視時程表上定期會議的一個範例（你可以在我的網站上找到這個範本）。你可能不像這個實例中的主管那樣，對於出席什麼會議及與會時間擁有諸多權限，然而你仍可善用這個例證，來了解重新檢視時間的有效方法。

1. 使用電子試算表列出一份所有會議（或承諾）清單。你將可運用**每週一次、兩週一次、每月一次、每季一次**等關鍵字來搜尋和獲取行事曆的資料。

2. 在試算表增加一個欄位，以顯示每個月在會議或承諾上實際投注多少時間。很顯然，每週一次的兩小時會議和每週一次的半小時會議，在每週總計或每週平均耗用時間上的差異極為顯著。即使它們都是「一週一次」，指出其總共花用的時間或每週平均耗掉的時數，有助於我們看清時間是怎麼用掉的。

3. 選出一段時期（我偏好一季，但一年也行），然後計算你於這段期間投注在開會或履行承諾上的總時數。

4. 找出你投入最多時間的活動，並了解這些活動的重要性級別。

5. 逐一檢視花用最多時間到耗掉最少時數的事項，並進行妥適的調整。

	A	B	C	D	E	F	G
1	人員	估計頻率	會議時間	每季會議次數	每季會議時數	每週平均幾分鐘	維持或調整？
2	商機線索會議	每週一次	120	13	1560	120	維持
3	與高立克一對一會談	一週三次	25	39	975	75	維持
4	指導委員會	一週一次	60	13	780	60	若議程有相關就繼續
5	和娜歐蜜一對一會談	一週一次	60	13	780	60	縮短為每次三十分鐘
6	與馬克一對一會談	一週兩次	25	26	650	50	變更為一週一次
7	聯繫拉美地區代表	一週一次	45	13	585	45	維持
8	產品審核	一週一次	45	13	585	45	若無會前預覽的資料則取消
9	GAPP＋速度	兩週一次	60	7	420	32	縮短為每次四十五分鐘

　　用這樣的方法解析自己的行事曆，可使我們獲得啟發和增加對時間的自主權。長遠來看，這個大約二十到三十分鐘可以完成的練習，將促使你著手對日程表進行一些調整，並**至少**將為你省下不少時間。

　　我與蜜雪兒會談數個月後進行了後續課程。她顯得神采奕奕。經由微調一些會議的頻率、縮減一些會談時間、取消一些不再重要的定期會議，她每週多出了約三小時自由時間。這比她當初找我幫忙時大有進展。最重要的是，我們捨棄了感覺上自然而然且顯然必須割捨的事項。她親自檢視待辦事項清單並依據總花費時數來進行調整。我只

是提供給她著手執行所需的數據和框架。如今她每週有三小時額外時間可以用來思考和擘畫願景。這次三十分鐘的練習讓她每年多了近一百五十小時可支配時間。

留意那些已達成目的
卻仍占據你的行事曆不放的定期會議。

重新考慮你的各項調整

　　當我偶爾提出這類建議時，對方常會猶豫不決。如果我把約翰與我會談的頻率從一週一次變更為一個月一次，然後又覺得這樣不夠頻繁，那麼該怎麼辦呢？就如同我們在第三課探討過的說「不」的課題，我們應謹記，對行事曆的各項調整不必然是恆久不變的──我們可以先試三個月看看結果。假設你退出一個專案後又真的很懷念相關的志工工作，大可重新加入。倘若你和約翰因沒能頻繁會談而過於密切地互通 email，那就改成兩週會談一次吧。假如你從未測試過自己的種種假設，你將永難知道適切的會談頻率。

　　你可以隨著時間推移，循序漸進地調整，然而多數人告訴我，實際上引人注目的改變反而更輕而易舉。比如一年之初、一季之初、學年開始時、新工作或新團隊啟動時這類自然的起點，都是重新調整行事曆的大好時機。許多高階主管告訴我，他們會透過 email 宣告，我

正著手調整自己的日程表！或告知對方，從一月開始，我將試驗兩週進行一次一對一會談，而非每個月一次！這似乎比私下或不動聲色地進行調整好得多，因為對方有可能會認為是針對他個人。**擁有全新的自我、嶄新的行事曆**，及**掌握自己時間**的心態，並且與人溝通！這可能激勵其他人效法。

回顧與前瞻

　　假如你覺得全面重新檢視行事曆的負擔太重，也可以採行我許多客戶每週實施的**回顧與前瞻**方法。基本原則是，不可以持續一週努力不懈卻從沒撥出時間反思，自己究竟有沒有善用時間。每週抽出幾分鐘對此進行「把脈檢查」，有助於我們為往後的時程做好規畫。倘若你是由行政專員幫忙策畫日程表，和他們一起做這個練習尤其重要，因為這有助於他們根據你對各項問題的答案，來為你的優先事項安排時間。你們愈常一起做這個練習，你的行事曆就愈能顧及你投注時間追尋的價值。以下是我們運用回顧與前瞻法時可思考的一些問題（我習於在週日晚上製作一週清單時問自己這些問題）：

回顧

- 過去一週哪些會議／活動使用了大量的時間？原因是什麼？
- 過去一週哪些會議／活動未用到大量的時間？原因是什麼？
- 我但願過去一週曾投注更多時間於哪些事情（會議／活動）？
- 過去一週是否有任何會議／活動重新安排時間達到三次或三次

以上？如果有的話，是否真的有必要？

- 行事曆上有無任何會議／活動的後續追蹤事項尚未放進清單漏斗？

前瞻

- 下週的日程表上有沒有任何不宜占用我的時間的事項？是否有辦法變更？
- 下週的行事曆上是否有未來的我可能感到精神不濟、期望暫停休息的時段？
- 日程表上有沒有我幫不上忙或得不到益處的任何會議／活動？

透過這些單純的問題來省思你的時程規畫，有助於善用時間。愈是頻繁地做這個練習，你將愈能意識到如何把握住分分秒秒。

規律地重新檢視時間

你不用等到全面重新檢討時程表再來了解自己如何運用時間。你可以秉持這個心態來審視任何一項會議，甚至於任何一個新承諾的相關時間安排。舉例來說，我愛閱讀，而且分別參與了每月聚會一次的兩組讀書會。當我家遷移到新社區後，鄰居問我想不想加入社區的讀書會。我的第一直覺反應是當然！我熱愛閱讀！然而，我隨後快速檢視了一下自己的時程規畫，結果發現倘若我每個月讀三本大約三百五十頁的書，那麼平均一個小時約須讀完五十頁，最終我每週須投注七

個小時讀書（這也可以用來分析聆聽有聲書所需時間）。在加入新的讀書會之前，我必須嚴肅地思考自己是否能夠每週額外撥出數個小時來讀完一本書。（雖然我曾經說服兩個讀書會在同一個月閱讀同一本書！）

同樣地，假如你沒有很多定期會議或必須不斷履行的承諾，且只想要迅速、單純地檢視自己如何運用時間，那就選擇一段時期，比如說一年或是一季，然後畫出一個圓形統計圖，來顯示你在三大優先事項或各項首要活動上投注多少時間。倘若你是為他人管理行事曆的行政專員，與你的服務對象分享這些數據極可能有助於時程表製作上的相關決定。Google Calendar 這類數位行事曆應用程式，具有自動洞悉用戶如何運用時間的功能，它們甚至能夠以不同的顏色把各個待辦事項分門別類。當你檢視自己的時間表時，任何數據都是有用的，它們能幫助你看清現況，以及讓你在投注更多或更少時間於某些事時留意到這些變化。

谷歌母公司 Alphabet 執行長桑德爾・皮采（Sundar Pichai）每隔幾個月檢視一次自己的時間安排。他對於自己期望在公司主要領域上投注多少時間，有明確的想法，並且定期審視行事曆，好了解是否確實把時間運用於這些要務。任何偏離都會促使他退一步思考問題。我基本上能做什麼來確保自己回歸到我期待的投注時間方式？每幾個月進行這樣的檢討，能夠確保自己絕不至於背離目標。

我們可以把審視時間安排想像成整理衣櫃。把不再合身、退流行或從沒穿過的衣物清理掉，是一件讓人神清氣爽的事，而且有助於克服**稟賦效應**，使你不再純粹因為**已經**擁有這些衣物就一直保留它們。

完成此事之後，你將能**明確看出**自己最愛哪些服飾並且常穿搭。同樣地，在定期檢視時間安排之後，你將擁有空間使理想的行事曆範本和現行日程表調和一致。持續保持零基心態（「如果今天我走進服飾店會購買這件襯衫嗎？」），你可以思考：我實際上會從今天開始在行事曆上增加行程，每週和這個人會談一小時嗎？倘若今天收到邀請我加入志工委員會的 email，我仍然會參與嗎？

　　透過我建議的任何思考角度，或是你依據自身需求量身打造的方法，來檢視自己的時間規畫，有助於你擺脫掉那些不應占用太多時間的事情。而即使我們把時間和精力管理得很好，有時就只是無法按照安排好的時間來做事情。有時我們就是會一再延宕。每個人偶爾都會敗給拖延症。接下來我們將探討幾種克服及超越這種壞習慣的簡易方法。

上線時間課後小練習

- 秉持重新檢視時間安排的心態、選擇一種審查自己行事曆的觀點。
- 用大約三十分鐘重新檢視你的時間規畫，好了解你投注於各事項的總時數或每週平均時數。
- 根據檢視結果進行建議和調整，即使只是微調也無妨。
- 在一段時間後重新檢討並思考，我是否做了正確的決斷？然後再進行相應的調整。

—▲—
第**7**課

拖延症和克服的方法

即使我們對自己的時間做了最好的規畫，有時就是會一再地耽擱待辦清單上的某件事情、延後完成時間。我們都曾眼看著某些事項日積月累、不斷推遲。舉例來說，你想要建立一個新的訓練課程，來教別人自己精通的一些事情。你把此事列入一日和一週清單裡，並在行事曆上安排好時間，然而不論出於什麼理由，你始終沒完成這個計畫。這是否聽起來很熟悉？不必太苛責自己，其實這是所有人的通病。以下是克服拖延症的一些策略和戰術。

考量未來的你的心境

正如我們在第四課探究過的課題，並不是所有時段都具有同等的價值。假設你預定每天下午兩點半到三點半用來學習新東西，然而

這正好是你每日最沒活力的時段，那麼你無疑將一事無成或是成效不彰。倘若你工作時感覺如逆水行舟，那你可能沒找到做事的恰當時機。檢視一下你的待辦清單上拖延日久的事項，並思考一下：什麼時候或何種心境下最適宜做這件事？在威力時刻做這件事是否適當？我是否持續安排於威力時刻做這件事？也要允許自己在某些時段不做事情，並從中學習和記錄下自己領會的各種模式。每當我計畫在小孩上床以後做一些高耗能的事時，總是提不起勁、無法全力以赴。我在那個時段就是沒有足夠的精力去做勞心費神的事。不經一事不長一智，如今我已學會不在這個時段安排自己做那些事，並且確保其他時段有時間做。我們應學習把某些事託付給未來能精神振奮地做那些事的自己。

搭配合適的每日主題

　　我們在第三課已經探討過，設定每日主題對我們很有用。為每個日子設定主題，你的大腦將習以為常地在特定時間查看特定事情的進度，這將減少你思緒漫遊的空間，你將不須多想，**我今天應當做什麼？**這能確保你至少每週檢視一次特定事情的進展，並可促使你有意識地處理相同主題的事項。假若你渴望為自己的行政任務學一門新課，試著把這件事安排在主題相符的日子裡。倘若你嘗試在**行政任務**或**銷售拜訪**作為主題的日子上課，比較可能感到難以切換。在符合新課程主題的時日，當你就這個主題開完一些會議，並針對此主題回覆若干 email 之後，將覺得在學習上更加得心應手。

克服拖延症的最佳方法是
確保自己在對的時間安排對的工作。

拖延症的成因

要弄清楚我們拖延事情的原因，首先必須確切釐清事情的哪個方面造成你一再延宕。答案有可能是：它使我感到難以承受。我不知道該從哪裡著手。我需要其他資訊始能開始做事。我知道這是曠日持久的事。以建立新訓練課程的例子來說，有可能是你先前從未有過這方面的經驗。《化解拖延症》（暫譯，*Solving the Procrastination Puzzle: A Concise Guide to Strategies for Change*）一書作者提摩西·派希爾（Timothy A. Pychyl）指出，有七種工作屬性很可能讓人做起事來拖拖拉拉：

1. 枯燥乏味
2. 令人喪氣
3. 耗時費神
4. 模稜兩可
5. 沒有條理
6. 欠缺內在動機（不感興趣）

7. 一點意義都沒有

　　一項任務有愈多這些屬性，愈可能讓人心理上抵制和逃避。假如你能辨識自己的工作有上述**哪些**屬性，有助於更精準地克服拖延症。下面的圖表提供了一些相關案例。透過確認任務延宕的成因，就能重新框架所面對的挑戰。工作當然可能會有超過一項的前述屬性。假如報稅對你來說是枯燥乏味、令人氣餒**又**不具意義的事，那麼你可以一邊看電視，一邊整理必要的報稅文件，或是雇用稅務專家，**或**構思怎麼運用退稅款項。做出一些改變將使你對報稅的感受改觀。

任務	拖延症屬性	克服方式
每月開支	枯燥乏味	邊做邊看電視
稅務	令人喪氣	向稅務專家求助
寫書	耗時費神	研究如何踏出第一步
促使團隊為來年做好準備	模稜兩可	寫下做好事前準備的三種可能結果，並專注於其中之一好蓄勢待發
整理庭院	沒有條理	上網搜尋一張你喜愛的庭院照片並思考原因→執行任務
學彈鋼琴	欠缺內在動機	先看你最喜愛的歌曲的教學影片以激發熱情
申請保險理賠	一點意義都沒有	規畫如何好好利用理賠款項

迅速克服拖延症的五大戰術

　　探究拖延症的**成因**是克服它的基本步驟，不過我們可能不會始終有時間來確認事情被我們延宕的原因。有時我們只是一如既往地迴避做事！以下簡要的提示一些迅速克服拖延症的方法。

1. **瑞士起司般的啟動方式**。有時，光是任務的**規模**就讓人感到招架不住，而最困難的部分是跨越起步的門檻。假如我的目標是每天早晨六點起床然後跑步三英里，那麼我可能會覺得這是個**艱巨**任務。因此，我想像把這個任務弄出許多如同「瑞士起司」那樣的洞洞，使它的規模愈來愈小。我們都想要找出感覺上只需較少的能量點數就能起跑的點，好讓大腦能感受到這樣行得通。

   ◆ 明天早上跑兩英里？仍然有點畏懼
   ◆ 跑一英里？啊，依然提不起勁
   ◆ 早上六點起床散步？還是寧願多睡一會兒
   ◆ 早晨醒來後穿上運動鞋？就這樣？當然，我可以做到！

   藉由縮小任務規模使大腦感受到信心，我降低了開始跑步的心理門檻。倘若我設定鬧鐘、按時起床、穿上跑步服裝和運動鞋，我可能就**不會**再躺回去睡覺。我甚至可能心想，好，我已經穿上運動鞋了，那就去散步吧。我一旦持之以恆散步，或

許就能進展到慢跑，而且只要持續慢跑，我甚至可能跑上三英里。然而如果一開始的任務就是跑完三英里，我永遠都不想下床。

就打造新訓練課程的案例來說，我們可以把這個任務縮小為**只開啟一個文件檔，並製作簡報的標題**。這是有趣的事。就只是一頁簡報標題！為標題進行腦力激盪是發揮創意且引人入勝的事。一旦我著手做了，甚至可能開始草擬簡報的其他內容。

在一日清單或一週清單上，我們應以能讓自己感到興致高昂的方式寫下行動項目，否則將只會盯著清單發愁。**製作吸睛的訓練課程簡報標題**和**打造新訓練課程**大相逕庭。第一項任務切實可行，且會讓未來的自己感到興致勃勃，而第二項任務則讓人望而卻步。

2. **當自己的助理**。正如前面所提及，某些大型任務最艱難的部分是跨出第一步。要減輕大腦進入做事狀態的困難度，可把**準備工作**和**做事**區分開來，並將前者指派給自己擔任的**助理角色**，這是有助於突破拖延症障礙的方式。

比如說，我一直想為溫室裡桌子中央的木製花盆上漆。那是未經處理的木頭，而我想把它漆成白色。當我待在溫室時，一天裡會走過木花盆旁邊三到四次。為它上漆是我向來想做卻始終未著手的事，這令我困擾不已。為什麼我不乾脆動手做呢？最後，某天我端著咖啡走進溫室時心想，假如我是助理，而且想讓老闆在明天把這件事做好，該怎麼輕柔地助推並讓事情輕鬆一些呢？於是我走到車庫拿出油漆、漆刷和一條毛巾，然後把

它們放到木花盆旁邊。就這樣。接著，我便回到屋裡。隔天當我來到溫室時想說，噢好吧，油漆已經擺在那裡了，那就動手上漆吧。這收到了立竿見影的成效！

　以開創訓練課程的例子來說，我可以打開簡報檔案、找一些有趣的美工圖案相關網頁標籤，和一個類似的訓練課程的大綱範本，然後關掉電腦。隔天早上，由於建立新訓練課程的道路已鋪好，我就能夠輕易啟動任務！如今我運用這個策略來展開工作和生活上的各種任務。假如我明天早上想做鬆餅，便在今晚就寢前把鬆餅烤盤和必備材料先準備好。不要去想如何**實際做事**，那會讓我們裹足不前。我們可以扮演**自己的助理**，為未來的自己設定好著手執行任務的各項條件。

3. **半途休息。** 當你致力於較大型且無法一次完成的持續性任務時，通常會自然而然地找出適當的暫停點，比如說讀完 email 之後，或是專案的一個段落結束後。此時你暫時放開工作，直到下次著手接續新的段落。令人啼笑皆非的是，這時我們的大腦又得克服另一個起始點，彷彿一切又要重頭開始。我們可以另闢蹊徑，事情做一半就停下來休息，這樣將能較輕易地重拾未完成的工作，因為我們很清楚接下來該做什麼。舉例來說，在寫這本書期間，每當遇到寫作瓶頸，我總是努力不在一個章節結束時停筆，這樣再次動筆時不會從全新章節的空白頁開始。我總是在某個章節寫到一半時暫停，或是先給新一頁下個標題，或是為下個章節擬出大綱，然後再停下，這樣下次再提筆時便能輕易重新進入心流狀態。假若你正執行多步驟的大型

專案，試著在大腦已經明白接下來要做什麼時暫停休息。你可以草擬 email 而不把它完成、寄出，下回接續時能從暫停之處著手。這也適用於擬定會議議程或是事前創建一日清單。半途暫停使我們有較長的時間來思考還沒完成的事情，當我們下次繼續時甚至可能產生新想法，或是補上一些先前沒考慮到的面向。

4. **估算時間**。在說服自己著手進行必要工作的過程裡，我們總會對做這件事實際需要多少時間耿耿於懷。你是否曾一再地把某件事列入待辦清單，結果發現完成事情所需時間甚至比反覆把它寫進清單耗掉的時間還少？我建議大家，把一日清單列出的待辦事項的規模保持在「好入口的點心大小」，因為這樣可迫使你的大腦認可並完成任務（五到十分鐘就能完成的工作），而不至於迴避它們。你也可以在一日清單或任何待辦事項清單寫下預估的做事時間。比如說：

- 擬上網徵室友的貼文──七分鐘
- 完成銷售訓練──二十二分鐘
- 閱讀前一天的產業文章──九分鐘

確切的估量能讓自己發現時間夠用，比較不會迴避做事。如果你不想上銷售訓練課，但又有三十分鐘可以運用，這時將較難以說服自己不受訓，因為你知道實際上可在半小時內完成。生產力的一大關鍵在於擅長估算做事所需時間，因為你會更有

效地規畫工作時程。假如你還不熟悉，現在就著手練習以強化相關能力。

你可從時常執行的某種任務（最好是令你心生畏懼的事）開始練習，用它所需的時間作為衡量的判準，好估量其他任務所需時間，這有助於你認知、量化和掌控自己的時間。我最不愛做的兩件家事是清理洗碗機和打掃廚房。我總是害怕並避免這兩件事，或在避無可避時大聲**嘆氣**。於是我在某一天清理洗碗機時使用了計時器算時間。結果做好此事只需**四分鐘**。就是這樣。而我心想自己多麼不願意做這件事、猶豫不決的時間可能遠多過四分鐘。有了這個新體認之後，我調整了早上的例行事項，比往常提早四分鐘下樓清理洗碗機。雖然只是在早上增加四分鐘的例行任務，但我就能完全擺脫過往做這件事時感受到的壓力。在成功轉換心態之後，我決定計算打掃樓下地板所需時間，結果是八分鐘。如今，我試著每週騰出八分鐘來執行這項任務。我煮最愛的義大利麵需時八分鐘，正好可用等麵熟的時間來打掃。這件事現在已變成一種運動。藉由把兩件最畏懼且能免則免的事所需時間量化，我完全改變了面對它們的心態。

5. **安排能促使自己負起責任的會談**。我們往往更會對他人負責，比較少對自己負責。這就是人們尋求工作夥伴或加入讀書會以激勵自己閱讀的原因。比起由別人指望我們如期完成工作的情況，倘若我們任意設定只有自己知道的完工期限，將更有可能拖過最後一天。而假如你策畫一項和自訂的期限息息相關的會

談，把做事的過程連結上其他人，便可借用同儕壓力迫使自己於限期內完成工作。比如說：假如我期望開創新的訓練課程，可以**在著手之前**籌畫一項會談，並邀請某人在我預定的達標期限內與談。「嗨，多明尼克，一個月後請騰出半小時對我的新訓練課程提供回饋意見！我將在請你評論之前兩天，把課程寄給你！」我甚至還沒開始規畫課程，但這時我已在行事曆上安排好這場會談，而多明尼克也接受了，並且期待著我的成果。這使我更加可能在期限前**打造出新課程**並寄給他審閱。這讓事情更有可能**實現**。尤其當你獨自進行某項任務時，最好找個理由安排一項會談，以促使自己履行對參與者的承諾。這是確保你如期完工的最佳方式之一。

　　除了這一課概述的提供自己動機的各種技巧之外，我們也學習到，確認自己出於**什麼原因**而延宕任務，絕對是克服拖延症的關鍵。而同樣重要的是，弄清楚自己在**什麼時候**能夠或是不能夠做好事情。這些方法能幫助我們催促自己完成拖延日久的事情，同樣很重要的是規畫好停機時間，以及領悟有時什麼事都不做，從長遠來看反而有助於我們做更多事情。

上線時間課後小練習

- 找出一項你過去不斷推遲的任務——想一下它符合什麼日常主題、一天裡哪個時段是做這件事的最佳時機，然後安排時間來執行這個任務。
- 確認它符合拖延症七大屬性的哪些項目，並努力克服。
- 盡可能把任務縮減到最小規模，並列入待辦事項清單，且要估計完成任務所需時間。
- 扮演未來的自己的助理，並為未來的自己準備好完成任務的一切條件。
- 在獨自著手展開任務前，與人預先安排一場檢討未來執行成果的會談，藉此促使自己向對方及對自己負責。
- 找出你不愛做的重複性任務，並計算完成所需時間。在領悟其不致耗費太多時間之後，你就不會再迴避此事，然後找到合適時段完成。

---▲---

第 8 課

用停機時間
為上線時間充飽電

　　我在引言介紹**生產力** 5C 時說過，夠放鬆，腦內新迴圈或是新想法才會冒出。當我們鬆弛身心時大腦得以休息，因而產生新點子。我把放鬆時刻稱為停機時間。在停機時間，我們有意地不做任何事情、休養生息，或是做一些讓大腦輕鬆自在的事——這對於我們的總體生產力很重要。

　　在對一大群人上生產力課程時，我總是要求聽眾閉上雙眼想一想，在哪種狀況下能夠得到最棒的主意。接著我讓他們把答案寫下來，並請答出以下情況之一的人舉手。

- 在淋浴時（將近半數）
- 在通勤路上／開車途中（約三分之一到二分之一）
- 正在做完全與工作無關的事，比如煮飯、看小孩玩遊戲、健身

或遛狗（接近半數）
* 在一天裡的第十場會議（沒人舉手）
* 面對堆積如山的 email 時（全場鴉雀無聲）

這個練習顯示了平靜的時光、停機時間、個人專屬時段是我們發揮生產力的一些最重要時刻。我們過去習於把停機時間想成上線時間的對立面，而此刻我們領會到，兩者對於我們的整體表現和幸福感都不可或缺。我們的行事曆絕對必須兼顧好這兩種時間。停機時間的放鬆時刻能把我們導向**生產力 5C** 的下一個要項，也就是**創造**。經由在日程表上安排好**鬆弛**時刻，你從而能夠**創造**事物。順帶說明一下，前述練習的各項答案也凸顯出準備易於取用的**採集清單**的重要性。我們已在第三課探討過採集清單，有助於我們在淋浴、烹飪或遛狗時，捕獲放鬆狀態下開創出來的新思路，如此日後就有可能付諸實現。

為了成就上線時間，
你必須優先考量停機時間。

確切來說，創意是什麼？

創意有許多意義，在職場，通常是關於為兩種或多種想法搭起連結的橋梁。當大腦為待辦清單全力以赴、忙著完成任務時，幾乎不可

能同時去連結各種主意、發展新想法。這就像有兩個人用無線對講機溝通，倘若雙方想要對話，就不能同時開口說話。此時必須要有一方停下。倘若我們要開創解決難題的構想，理當暫停執行大型專案或開會，或是擱下未讀的 email。臨時想到某件事情和長期思考事情是截然不同的。我們必須為自己創造持續思考事情的空間。

　　絕不會有人去看我的行事曆然後想說，她似乎該為自己規畫更多思考／腦力激盪時間。鑑於她最好有一些停機時間來醞釀新點子，我就不安排和她會談了。或是心想，我打賭她下午時更想要散散步，因此我就不規畫午餐後跟她開會了！這種事就是不會發生。你必須自己設法騰出停機時間。在行事曆上創造更多自由時間的最佳方法是什麼？把時間拿去用！

行事曆上的空間可以轉化成大腦的思考空間。
你要優先在日程規畫上創造空間，大腦才能獲得空間。

停機時間很有用的證明

　　正如我在引言所提到，人們往往用產量等數據和完成清單上多少待辦事項來衡量生產力。我們今天達到多大的產能？我們做好**清單上幾件事**？我們**開了幾場會**？就像**忙碌**不代表我們在做**重要**的事一樣，**馬不停蹄**不見得就能發揮**生產力**。

　　假如你是團隊主管或領導者，在檢視部屬的生產力時，請你擴大視野。一天的產量不必然是其整體構思能力和執行力的唯一指標，甚至不是一個好指標。倘若你要求銷售人員每週的電話拜訪要達到一定的次數，這將耗掉他們多數的時間，那麼他們能有多少放鬆時間省思、重新考量，並想出新的提案方式，或發展出新的獲客策略？逐月分派、而非逐週分派銷售配額，並讓他們決定銷售電訪的方式和時機，可鼓舞員工進行更多需要創意的活動。與其斤斤計較他們每天上午九點到下午五點打了多少銷售電話，不如每季評量他們的績效。同樣地，當員工每年休完假、確確實實地放鬆之後，他們回到工作崗位將神清氣爽且活力煥發，這實質上有助於他們把生產力發揮到**極致**（雖然放假時什麼工作都沒做）。暫時抽離工作可讓我們在工作和生活上重新充滿所需的精力點數。

　　停機時間並不是在時程表上寫下**幾小時**啥也不做或是放一段長假。我們不必在時程表上安排三小時停機時間冥想，或像某些學者與研究員可以休半年的有薪假。我們只須為自己安排一兩天的放鬆假期，甚或每天二十分鐘的停機時間。這麼做使我們能夠處理所採集的資訊，形成自己的想法。一般淋浴時間通常不到十分鐘，而人們持續指出，淋浴間是最有助於產生點子的場所之一。你的停機時間可以是**不碰**電腦或手機的午餐休息時段，或是工作告一段落後散散步為自己減壓，甚或是在上班前健個身。

沉默是金

　　有時我們可與他人共享停機時間（比如和同事們一起吃午餐），然而，我們進行最優質創意思考的關鍵在於**獨處**和**安靜**。你可於停機時間做一些大腦不需積極活動的事情（織毛衣、散步、洗碗、淋浴），這時你的大腦得以任意遨遊。當我生第一個小孩時，曾閱讀朱尼法・烏佐戴克（Junnifa Uzodike）和西蒙・戴維斯（Simone Davies）合著的《蒙特梭利小孩》（暫譯，*The Montessori Baby: A Parent's Guide to Nurturing Your Baby with Love, Respect, and Understanding*）。書中建議讓小嬰兒每天清醒時至少有一小時的安靜時刻，他們能夠消化所體驗的一切事情和種種新感受。我認為這項原則理應擴及成年人。我們的停機時間可能充滿各種大大小小的聲音：播客節目、有聲書、社群媒體訊息、新聞報導等。這一切當然有其價值，然而當我們不間斷地接收，也就持續地受到干擾。多數人總是使大腦保持著接受刺激的活躍／吸收模式，而沒讓大腦有時間來沉澱所有的新資訊、進入產生想法的模式。**讓大腦接受無聊吧**。卡爾・紐波特（Cal Newport）的《深度工作力》（*Deep Work: Rules for Focused Success in a Distracted World*）四大法則中第二法則告訴我們，要學會擁抱無聊，這對於我們的創意和心智健康很有助益。包括二〇一四年出版的一項雙盲試驗等大量研究結果顯示，平平淡淡的活動能夠增進我們的創意。有時候，三十分鐘的安靜比三十分鐘的播客節目更有價值。

你每天清醒時至少應有一小時的安靜。

即使是由許多零碎的十五分鐘安靜時光拼湊起來也無妨。

不要設限

　　我喜歡把停機時間想像成手沖咖啡。喝咖啡最便捷的選擇是到附近的咖啡館買一杯機器沖煮的現成咖啡。那種咖啡喝起來也不錯。無論如何，你也可以選擇靜待一杯滴濾式手沖咖啡。雖然得多等幾分鐘，讓注入的熱水慢慢萃取咖啡粉，但它的口感香醇、美味且勁道十足，絕對值得我們耐心等候。創意發想、擘畫願景何嘗不是這樣。不要每天開一堆快速取用資訊的會議，在你的行事曆上安排一些停機時間，靜待各色各樣、不設限且強大的想法如同手沖咖啡般慢慢醞釀產生。這是值得做的事。你可以把生產力想像成橡皮筋。要讓橡皮筋以最快的速度射出，你必須往後拉再向前射。沒有人能夠全程都以最快的速度前進。我們每週的時程表都有所變化，有時會有較多休息或停機時間，有時則行程滿檔。我喜歡把這稱為工作上的間歇性起伏。在這樣的開啟與閉合腦內迴圈的循環之中，停機時間賦予我們點子、精力與休息，從而為下個忙碌的週期做好準備。當你遇到較輕鬆的工作週時，就好好享受停機時間吧！

　　確認、維護停機時間和提升其品質，對於保持創意、提供工作動

力和增進生產力很重要。在下一課，我們將探討分散辦公和工作型態
變化下停機時間變得複雜化的課題。身處當今動態、混合式的工作環
境之中，找到和維繫停機時間愈來愈重要。

上線時間課後小練習

- 想一想你在什麼時候、哪些地方能產生最優質的點子？然
  後查看一下你的行事曆。你在行程表上為能產生最出色想
  法的時刻做了什麼安排？
- 從大局角度衡量你管理的人員的工作成果。他們是否能自
  由運用停機時間來增進生產力和提升工作績效？
- 為一天裡的清醒時分找出一小時的安靜時間，即使你只能
  從許多時段各擠出十分鐘也無妨。當你有了空檔，別急著
  聽播客節目或滑手機，讓大腦有時間消化你一天中處理的
  資訊。

第 3 部

在哪裡做事

▲

第 9 課

地點最重要

通勤去上班、在同一地點工作、一樣的上班時間……當每天的工作時程表一成不變，我們的大腦不須進行過多的調適。習以為常的日程讓我們每天能夠輕易地進入工作模式。而新冠肺炎全球大流行造成重大轉變，人們開始在家上班，數週之後，居家辦公成為新的工作型態，大家逐步調整自己去適應它。天天遠距上班要求我們改變「日常模式」，而一旦日漸適應了新模式，大腦和例行活動就會安頓下來。

混合式工作型態 —— 有時居家辦公、有時進辦公室上班、每週的日程表可能會一直變動 —— 帶來全新的局面。我們第一次必須訓練大腦在兩種或多種大相逕庭的做事環境裡運轉，而且上班時程變化多端，甚至工作類型也不時改變。有些人可能覺得，混合式工作型態就像是從事兩種迥然有別的職業。在我們努力使行事曆與團隊夥伴相互配合之際，時間規畫和意向愈來愈重要了。不論你是混合式工作者，

或是居家辦公，或到辦公室上班，以下的提示對你都有幫助。

把行事曆改得更易於連結和專注

當全球大流行疫情促使多數人在家上班時，出現了長跑型和衝刺型這兩種截然不同的人。

有些人很快地擁有了比以往**更多**的時間，突然省下了通勤和差旅的耗費，每天在相同地點從日出工作到日落，且承受著長此以往會累垮的風險。我把這一類人稱為長跑型群體。

另一方面是衝刺型群體，他們比往日擁有**更少**的時間。他們往往家裡有小孩，有些人還要努力在家遠距學習，或許還有一位同樣居家辦公的配偶或室友。他們得在小孩睡覺和吃飯之間的時段工作，一天裡時常要衝刺好幾回。他們難得能在同一地點坐下來持續工作一段時間。在疫情方興未艾期間，我對這兩個群體的建議大不同。

而在過渡到混合式工作型態期間，出現了另外兩個迥然有別的群體：對混合模式感到失望、在家工作更能專注做事的居家型，和渴望回到辦公室上班以發揮更大生產力的外出型。

認清最能讓自己專注的**所在**，

讓我們發展出新的例行活動模式，

及打造出能夠產生最優質工作成果的場所。

　　我們可用新角度來觀察自己和同事對居家辦公／外出上班的不同傾向，並參考下列圖表來微調自己的時程表，和個人工作空間。

居家型 （在家工作較能專注的人）	外出型 （到辦公室較能專注做事的人）
• 居家辦公時為自己安排大量不受干擾的時段 • 盡可能把任何會議（即使是虛擬會議）推到自己進辦公室的日子 • 設立居家辦公室把令人分心的事物減少到最低程度（不用手機、耳機和額外的螢幕，並且關上門） • 構思能優化專注力的時程表（中午健身、清晨開始做事、晚一點吃午餐以維繫上午的幹勁） • 規畫更分散的進辦公室的日子，並為這些日子擬好「好入口的點心大小」的待辦事項清單，好在難得的專注時間完成它們 • 別把在家工作的日子浪費於微不足道的任務，或是可於隔天在辦公室迅速處理的 email • 優先處裡須專注、全力以赴的大型專案 • 假如你能夠自己選擇，應該選在排滿會議（即使是虛擬會議）的日子進辦公室	• 在進辦公室的日子安排大量不受打擾的專注工作時段 • 把會議推到居家辦公的日子（即使是可親自在辦公室開的會，也不妨改成在家進行視訊會議） • 把辦公空間令人分心的事物減至最低程度，好讓同事明白你正專注於工作，如果有必要可預訂出租辦公室或會議室 • 規畫更分散的居家辦公日，並擬好「好入口的點心大小」的待辦事項清單，好在為數不多的專注時段完成它們 • 別把進辦公室的日子浪費於微不足道的任務，或是隔天在家上班時可迅速處理的 email；要以必須專注、全力以赴的大型專案為優先事項 • 假如能夠自己選擇，理應選在沒有會議且有更多專注時段的日子進辦公室

調適各種情況

並非每個人都採用混合式辦公模式。有些人是全面在家上班，有些人則是完全回歸辦公室工作。在某些案例中，喜歡進辦公室做事的人被迫全然遠距上班，並且整天待在家裡。我先生（不折不扣的外出型）近來開始在家上班，並發現自己很難專注。他不能選擇回辦公室做事，於是著手尋求**外出**工作的方法。他發現了一些模擬辦公室情境的方式，比如說上咖啡館辦公、到共同工作空間做事，或是去圖書館處理工作。他為自己創造類似進辦公室上班的工作節奏：起床、穿著上班服裝、前往做事地點，這他更能感到自己的生產力發揮到了極致。

同樣地，倘若你屬於居家型卻必須全面回歸辦公室，可以把你在家上班時喜愛的一些事物帶到辦公室。你可以考慮戴上耳機好避免與人聊天，或是預約會議室以專注於完成工作。你也可以和主管商談，使行事曆保持彈性空間，以符合你的自然節奏，即使這意味著每天到班時間將一直變動。不論處境如何，只要你先確認自己屬於居家型或外出型，將有助於自己調整時程表，以充分利用各種工作條件。

混合式職場的協作方法

在混合式辦公模式下，你的上班時間可能分開安排在多個不同地點，這意味著你必須在數個場所和不同組合的同事協作（遠距、虛擬、親自到場，或混合進行）。

　　這對團隊協作與發揮生產力構成新的挑戰。我在從事輔導工作期間見證過許多領導人和團隊實踐以下方法，而得以在任何地點透過種種方式合作無間地彼此協作：

　　1. 溝通上班地點。這似乎是不言而喻的事，然而在混合式工作模式方興未艾之際，我一再遇到這方面的問題。有時大家會分散在多處辦公室工作，有時又會各自在家上班，而沒人會在群組行事曆上充分標明自己當天在哪裡辦公。這使得我們更難與團隊夥伴安排協作時間，尤其是在大家都搞不清楚哪些人什麼日子在何處工作的情況下。因此，我主張應花點時間在群組行事曆上標註各自的上班地點，並時時更新資訊。還要把履行個人承諾、在不同地點間移動，或其他暫時無法確認所在之處的時段標示出來。每週像檢視銀行帳戶核對帳目那樣，盡可能徹底地爬梳和更新你的時程表。

　　2. 設定參與規則。在組織之中，諸多效率不彰的事造成的影響會擴大且將釀成問題，而設定核心規則使整個團隊或組織一致遵守，可以增強正面效應並使彼此間的溝通更順暢。以下是我使用過的一些很有成效的參與規則實例：

團隊規則
- 盡可能把所有亞洲／美國的會議安排在週二晚間／週三早上
- 週五不開會，讓大家能全力以赴工作
- 週三全員進辦公室

- 唯有發生急事或當天須完成的要求時才進行群聊，否則以 email 聯繫
- 所有成員的行事曆須保留調整空間，好能挪動或變更各項活動
- 週末期間不發 email

3. 確立公平的競爭環境。居家辦公另一個不尋常的面向是大家都被簡化為螢幕上方框裡的影像。這使大家在團體視訊會議上以及群聊時平起平坐，能夠鼓勵在大型會議室裡不敢發言的人勇於表達意見。而在有人於辦公室工作、有人居家辦公或在其他地方遠距上班時，持續努力維繫這樣的公平環境，對大家都有幫助。許多視訊會議平台提供給每個人評論室或虛擬白板等功能，即便使用者身處實體會議室。假如你的團隊喜愛虛擬會議的「舉手」功能，還要確保他們在實體會議上也能獲得激勵勇於舉手。我們也應有意地直接詢問不在主要會議室裡的人有什麼看法。

4. 另外開創社交參與空間。正如同疫情期間的多數團隊，我的團隊也非常懷念此前與其他同事的種種社會連結。我們在工作週有許多個別的一次性虛擬會議，然而，在開會的同時社交很沒效率。比如說，我和貝絲視訊交談時會提及自己如何度過週末。然後當我和貝絲及蜜雪兒虛擬會談時，又會對蜜雪兒描述自己的週末時光，而那是貝絲早已知道的事。在我察覺前，這些會議充斥著一說再說的故事和近況報告，而且占用了許多寶貴時間。

團隊夥伴薇薇安留意到這點，於是為團隊創設了每週三舉行一

次、每回半個小時的**社交**聊天。這紓解了大家在各式論壇聊日常生活近況的壓力。我們的其他會議從而專用於談公事，甚至因為我們另有時間進行社會連結，可以把會議縮短十到十五分鐘。

　　無論如何，當人們被指示在虛擬社交聊天上只能閒聊時，可能很難達到預期效果，因此我們甚至每週有個話題，以保持大家的興致。（當然，我參與的任何會議都會有一個議題！）在大家輪流快速地報告近況之後，我們便聊每週不同的主題。以下是一些實例：

- 設定寵物日
- 仿效 *MTV Cribs* 節目的風格，介紹自己家裡最喜愛的房間
- 九月主題「自我照顧」：每週一個不同的焦點，我們彼此分享關於心智、身體、精神與情緒健康的最佳訣竅
- 最愛店家－品牌：逐週討論 Trader Joe's、好市多（Costco）、Target 和 Aldi
- 教大家一項你熟練的技能：每週由一個不同的人主導，可以傳授縫紉、製作花環、調配雞尾酒等技能
- 簡易的食譜：每人分享一個三十分鐘內可料理好的食譜
- 用一分鐘介紹一本書：每人輪流以一分鐘概述一本最愛的書，並分享自己從書中學到什麼

　　這個社交聊天廣受歡迎且對我們很有益處，因此在多數成員已能時時碰面之後仍持續進行。這個一週一次的連結確保遠距工作的成員能夠知道彼此的近況並感受到群體歸屬感，它滿足我們的社交需求，

並促成我們自發地協作和產生工作相關的點子。和每次會議最初十分鐘用來彼此寒暄問暖相比，每週半小時的社交互動更具時間效益。

5. 接受彼此不同步。當同事們不再於相同時段在同一地點上班，我們可能必須重新思考工作流程。可行的新工作方式包括：運用文件協作和群聊等工具；設定 email 於收件方所在時區的適切時段寄出；召開團隊全員會議時提供兩個選項，讓身在不同時區的人也能參與；藉由虛擬白板工具來促進集思廣益，使成員可依自己的時間安排來貢獻想法。

請記得，混合式辦公實質上是一種**截然不同**的工作方式。基於零基思考的精神，我一直告訴學員們：想像自己脫離了現有的角色。而值得恭喜的是，你仍保有相同的職位，只是有一部分時間居家辦公，而且你的團隊分散於各處做事，並採行混合方式上班。抱持這樣的嶄新心態，思考一下如何扮演好新角色，並用全新的觀點來看待它。混合式辦公是大相逕庭的工作方式，我們要用這種心態來面對。

混合式工作模式將持續適用於許多人，而我在此提供的一些應對策略和技巧，有助於你調適這個情境並茁壯成長。不論我們有多麼完美的計畫和組織方法，對我們最重要的大腦卻可能無法輕易地調適這樣的變化和彈性做法。在下一課，我們將探討如何使大腦能夠更輕鬆地調適。

上線時間課後小練習

- 分析自己的工作習慣,並想清楚自己在哪裡最能專注地做事。運用本章提供的圖表來調整自己的行事曆和工作空間。
- 要求你的團隊成員做相同的自我評量。依據他們的回應和你自己的觀察,找出彼此進行會談和溝通的參與規則,並制定混合工作時程表,充分發揮其效用。
- 決定團隊進行社群協作的地點與方式。每週召集團隊成員來一場虛擬社交聊天或每週進行團隊集體交流。

第 **10** 課

工作熱點與非熱點

　　每回我準備食物之前把一歲的兒子放到嬰兒餐椅上，他為什麼就開始流口水？我樂於想像這是因為我的**廚藝高超**，然而，事實是他的大腦正確地學會了把**嬰兒餐椅**和**食物**聯想在一起。這樣的連結觸發他的唾液腺做出了相應的生理反應。

　　同樣地，為何許多作家始終坐在同一個位置寫書？為什麼有些人總是聽相同的古典音樂來達到專注或幫助自己入睡？或者，相反地，為何多數人在疫情爆發初期難以調適居家辦公的工作模式？這些問題全都有一個相同的答案：**情境依賴**（state dependency）。

　　情境依賴意味著，大腦吸收的訊息遠超越我們正從事的**事物**。大腦領會諸如所在地點、氣味、衣著等情境線索，並把這些資訊儲存起來，然後使它們和我們所想或所做的**事**產生連結。

　　這也對我們的記憶很有幫助。在一九七五年，有兩組深海潛水員

被要求記住隨機列出的三十六個雙音節和三音節的英文字。其中一組人員是在陸地上記這些字，另一組則於水下進行。在他們被詢問記得多少字之前，陸上組一半的人被要求進到水下，而水下組一半的人則回到陸上。結果，地點維持不變的人回想那些英文字正確率遠高過地點改變的人。

工作熱點

當我們確認了大腦會把特定任務和特定場所連結起來之後，便能善用這個傾向，從中獲益。你是否曾經想過，為何我們每天進到同一個辦公地點總是能夠馬上進入工作狀態？這是因為在你啟動電腦之前，許多其他條件已陸續就緒：通勤工具、辦公室、辦公桌、隔板、最喜愛的咖啡杯等。大腦始終如一地把所有這些線索和**每天**的工作連結在一起。這一切就如同我們著手工作前「為齒輪上潤滑油！」的步驟。難怪大腦能夠輕易地進入工作狀態。而當我們在家上班、沒有了那些工作相關的線索時，難以進入辦公模式也就不足為奇。

選擇特定地點來進行特定任務，

更容易進入工作狀態。

你可以善用這個傾向、為特定型態的工作創造實體的做事**熱點**，好獲取優勢。不論你是在多種不同地點辦公的混合式工作者，或是每

天在同一地點（比如住宅或辦公室）上班，都可以這麼做。

　　工作與地點之間可以有如下的連結方式：

- 我素來在辦公室靠窗的舒適大座椅處理各項開支報銷。
- 當居家辦公時，我時常在家附近的咖啡館閱讀產品設計相關資料。
- 我總是在前門廊用手機讀取產業新聞，從而展開一天的工作。
- 我早上做的第一件事始終是回覆 email，而且桌上必定有一杯咖啡。
- 在家上班時，我往往使用兩個電腦螢幕寫程式。
- 在辦公室撰寫文案時，我每每把門關上。

　　我們可把這類事情和第五課學習的行事曆範本相結合，並且根據自己在哪些偏好的條件下能專注做事，來決定在家或在辦公室時的任務類型。一旦對自己的日常主題、去向和將要聚焦的事物有了全面的概念，你將能實質掌握在什麼地點適宜做什麼事。我們當然不必時時刻刻這麼做，但愈能保持始終如一，大腦就愈容易在特定地點進入專注執行特定任務的模式。

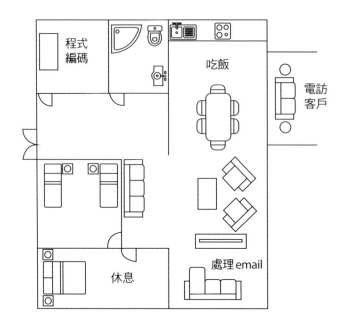

非工作熱點

假如我每回把兒子放到兒童餐椅時只是念書給他聽或給他玩具，然後就將他抱起來而沒讓他吃東西，那麼他的大腦將不會再輕易地把嬰兒餐椅和食物聯想在一起。他會想，為什麼我坐在這張兒童餐椅上？任何原因都有可能吧！這嬰兒餐椅將不再和食物有直接關聯。因此，維繫特定地點與特定活動之間的連結很重要。

與維繫自己能專注做事的熱點同樣重要的是，開創有助於大腦**不去**想特定事物的特定地點。這類地點有益於鬆弛身心和維護情緒健康。當疫情迫使許多人在家上班時，我們普遍感到自己似乎時時處於工作狀態。那時我會請居家辦公的客戶們要用在家裡接待賓客的心態

來對待工作。倘若你公公婆婆或岳父岳母不請自來或是在你家待太久，你會怎麼應對這類情況呢？你將會設定界限、給予他們各自的空間。你**不會**每晚和他們共處到睡覺時間，也不會每天早上六點邀他們到臥房閒話家常。然而，我們會在早晨睜開眼睛後就查看 email，或是一直工作到就寢為止，這就是我們手機隨時不離身會發生的事情。

　　我爸爸從居家辦公還不常見的一九九六年就開始在家工作。然而，我記得在我整個童年期間都未曾見過他把工作帶進家裡的尋常空間。日前我請教他保持生活與工作界線的方法。爸爸告訴我，居家工作之初，他並沒有其他選項。那時無線網路尚未普及，因此必須使用乙太網路數據機連線到網路，而在有網路可用之前，他甚至只有一部桌上型電腦。如今他已能在住宅周邊的戶外游泳池等處使用筆記型電腦收發 email，但始終把客廳和廚房等區域畫定為一家人的生活空間，而且絕不在這裡辦公，這是他始終如一的「不工作的地點」。

　　當我和先生帶著小孩搬進新家後發現，主臥室裡有個邊緣區域不知道該怎麼利用。這個空間並不夠大，無法擺放成套的桌椅。最後我們在那裡放了一張沙發椅、沙發腳凳、一些毛毯，和一個書架及一台咖啡機。孩子們很快地就稱它為「舒適的角落」。

　　我總是在小孩睡醒前於這個舒適的角落喝杯咖啡。（依我個人的見解，這是育兒的金科玉律。）我也在這裡看書、翻閱雜誌或是靜坐冥想。我的女兒早上醒來後，也會帶著她自己的書來到此處。這兒並沒有擺放時鐘（我在手機上設定鬧鐘好提醒自己什麼時候該做什麼）。我常想把筆電拿到這裡處理一些 email，或是想坐在這裡滑手機瀏覽社群媒體，但我總是擋下這些念頭，因為在這個舒適的角落，

我的大腦從不積極地思考工作、壓力或任何相關的事，大腦在此只想要放鬆。我百分之百把這個角落和舒適、小孩、閱讀、鬆弛身心聯想在一起。有什麼理由毀掉這個連結呢？我能輕而易舉地在這裡紓解壓力，這正是我喜愛這個空間的原因。

　　你的生活中也需要這類安全空間，不幸的是，生活裡有太多能輕易地隨處存取資訊的 3C 行動裝置，隨時都能危害我們放鬆身心的神聖領域。因此，我們必須有意識地設計自己免於工作的空間。找出一兩個你可定期地在其中只專注於**放鬆**自己的實體處所。這裡可以是你的通勤工具，而你在此絕不接電話或瀏覽 email，只聽有聲書或音樂，或是全然保持安靜！或者，它也可以是你的客廳或臥室。絕對不要讓壓力滲透進這個空間，然後你將看清自己在此處多麼容易抽離工作、鬆弛身心。即使你先前未曾畫清各領域的界線，此刻依然能夠從頭做起。你可以重新訓練大腦，讓它在特定的地點除了放鬆之外，不預期任何事情。

開創一致性

　　正如我們在第九課討論的那樣，混合工作模式有時會令人覺得彷彿在多個地方有著不同的工作。假如你每週必須前往不同的地點上班，可能難以在熱點和時程表上建立規律。那麼，無論你在哪裡辦公，均可藉由每個工作日都做一些固定的事，來幫助大腦適應工作型態的變化。

　　比如說，倘若赴辦公室上班的日子裡，你從早上八點十五分到

九點是在通勤路上，並且沿途聽有聲書，那麼居家工作時，你可以在同一時間段一邊散步一邊聽有聲書。如果你在家辦公時總是於午餐後散個步，那麼到辦公室上班時也可以這麼做。你在辦公室工作時往往於下午喝咖啡嗎？那麼在家上班時也自己泡一杯拿鐵。你居家辦公時每天早上都運動健身嗎？那麼出差時也試著在旅館保持相同的鍛鍊習慣。這些有助於你持續進入心流狀態，使你無論身在何處，都能維持工作日的一致性。這可為你一天的工作和生產力打好基礎。

　　與開創免於工作的地點相似，你可以創立一個只適用於非工作日的慣例，好讓大腦放鬆並享受樂趣。這可以是每個星期六早上做鬆餅，或者在週末花時間使用卡布奇諾咖啡機。如果你有小孩，他們會**喜歡**週末有一貫的有趣安排，這表示當天和其他上學日／工作日大不同。

保持隨處都能進入心流狀態

　　就混合工作模式來說，我在本書講述的各項技巧——設定日常主題、將各式會議安排於同一天，以及目的明確地規畫每日清單——甚至變得更加重要。請檢視第五課的行事曆範本，並思考一下：

混合模式合理嗎？

假如我在辦公室上班，或與更多同事共事，當天是否應有更好的主題？

我是否應考量自己精力的巔峰時刻來調整通勤時段（比如早

上七到九點在家做必須專注的事，**然後**再開車去辦公室上班）？

一旦了解自己喜歡在哪裡進行哪種類型的工作，你就會更確切地推動每週、每日清單的待辦事項。而每週切換不同的工作地點，或是與身處多個不同地點的同事協作，確定這些事就變得更加重要。

請把熱點、分組和事前規畫視為幫大腦適應最成功的混合工作時程表的工具。無論你身在何處或制定了什麼樣的日程表，領會自己可以達到最佳成果的工作地點和做事方式，以及工作的意圖，就能夠奠定成功的基礎。

上線時間課後小練習

- 選擇一些工作熱點來執行若干最優先事項。例如，我總是在辦公室的座椅上回覆客戶的 email。著手訓練你的大腦把這些地點與相應的任務連結起來。
- 選出一些非工作地點：你絕不會在那裡積極工作。著手使這些地點僅用於放鬆自己吧。
- 開創工作日一致性。不論你當天在哪裡上班，應始終維持一些例行公事。
- 依據什麼日子適宜在什麼地點工作、日常主題和任務歸類方式，活用**混合角度**來檢視自己的行事曆。想一想，它是否合理？是否符合自身精力流？然後做出相應調整。

第 4 部

如何做好

---▲---

第 11 課

在各界限之間求取平衡

　　你已經確認最重要的任務（**什麼**）、完成任務的最佳工作時段（**何時**）、如何將這些安排到新的混合工作環境和特定地點（**何處**）。而在設定好這一切之後，最後一步是確保自己**高效**執行各項任務。當涉及生產力時，人們通常會想到效率問題。那麼，我們實質上如何**竭盡所能、用最佳方式**來完成任務呢？

　　這主要須從我們與他人合作的方式著手。沒有人能獨立運作，因此你需要一個計畫來安排好自己的優先事項和時間偏好，以便與人共事。許多人認為，我們必須選擇成為「那些人的一員」（那些會要求檢視議程、不會出席每個受邀的會議、會拒絕他人的請求或新專案的人），**或是**成為具備社會資本且被視為友善、平易近人又備受敬重的人。但我們不必選擇，大可以兩者兼備。我們可以保護自己的時間，並且目的明確地運用時間，但是要用一種友好的方式來促進協作，以

及培養相互尊重。

有一次我在紐約一處辦公室遇見老同事兼朋友馬克。我們當時都在那裡進行訪問。他說，「嗨！很高興見到你！我想盡快和你聊聊近況，所以我將安排時間，當然事先會發送時程給你。」

我當下心想：**我做到了！**馬克仍然想和我聊近況、享受和我一起工作的時光，而且我們在同一團隊共事多年後還保持聯繫，這表明我夠友善，是一個值得合作的人。他對我的認可，是我之前被擢升的部分原因。他很清楚我的工作風格和對善用時間的高標準。我建立了「個人品牌」，成為一個不接受沒有議程的會議的人：這正是我想要的品牌形象！我成功設定了一道界限。

你可能正在想自己未能劃清或維護界限的原因，例如：我經營自己的事業，必須讓人能夠聯繫到我，我剛從底層工作起步，或是我必須接受自己所能得到的。儘管這當中可能有一些是實情，但請考慮按部就班慢慢設定自己的界限。我曾經合作的一位客戶接了新職位，而前任向她聲稱在這個職務上曾經夜以繼日、不眠不休。對前人設定的這個標準，她感到相當不自在。然而，如果她立即以截然不同的工作方式投入新角色，可能會造成職場分歧，因此我們構思了一種循序漸進確立界限的方法。剛開始適應新職位時，她曾用工作以外的時間回覆 email 和簡訊。幾個星期後，她開始等待一個小時再回 email 和簡訊。她會告訴同事，自己正和家人共進晚餐，餐後會回應他們。接著，她按部就班地轉變成等第二天早上工作時間再迅速應對。她第一次休長假時，每天查看一次 email，但這慢慢調整為休假期間一週檢視 email 一到兩次。大約一年之後，同事們都尊重她，並且喜愛和她

一起工作。她逐步改變了人們對其角色的期望，使其符合**自己的**個人界限。翌年，她獲得升遷，原因可能出於她對職務投注的時間和精力，**以及**在停機時間抽離工作充分休息，從而獲益良多。

想一想你認識的某個人對你設定了界限，你可能**因而**更尊重他。舉例來說，我最喜愛的攝影師曾經客氣地告知，她只在週二和週四拍攝家庭合照，這樣就可以在週三編修照片，而且她週末專接婚禮攝影工作。我希望她最好能於週末來為我們拍照，但我也尊重她為自己設定的日程表。她對此的自信（和友好）顯示，她是一位專業攝影師，而且目的明確地運用自己的時間。只要她拍出好照片，我肯定會再請她拍照，而且我打賭她拍的照片比隨時接案的人更優秀。界限使她編輯的照片更加平衡和清新——她創作的作品將會更加優質，而且她將成為一位更傑出的攝影師，並吸引更多樂意配合其時程表的客戶。

我的輔導工作著重於設定個人界限的方式，這對擔綱新角色或想要為自己的時程表做減法的人來說尤其具挑戰性。我們該如何保持協作、親和力和可用時間，同時避免自己的生活受制於**他人**、不讓他人的待辦事項凌駕我的優先事項？這必須達到微妙的平衡，但確實可以實現。

設定三個界限

在開始與輔導對象合作時，除了詢問「你的三大優先事項是什麼？」之外，我通常還會問這個問題：「你為自己設定了哪三個界限？」客戶的回應往往立即顯示出他們是否曾深思熟慮過這個問題。

有些人已有明確的個人界限，而有些人則從沒想過。以下是我觀察到的一些務實而且有成效的界限範例：

- 我接受所有在上午八點至下午四點間召開的會議。
- 我每天下午五點下班去接小孩回家。
- 我每天午餐時間外出遛狗。
- 我週一到週四可安排會議，週五則用於專注工作。
- 我每季撥出一週進行網路會議。

設定界限並非意味**絕不**會被逾越，但你應該在八成或更多的時間裡堅持界限。**大部分時間**裡守住界限就能帶來巨大的改變。正如我們在第四課中探討的，任何程度的變化都會產生積極的效果。光是列出和定義界限，就有助於你反思什麼對自己才重要，並將凸顯出什麼事能為你投注的時間和精力帶來最高投資報酬率。每個人的界限不會一模一樣，明確界定自己的界限是很重要的。

保持正向積極

我曾教導芭蕾塑身運動課程十年，接受過的訓練包括始終使用積極的語言。比起要求某人「把腿伸直」，告訴對方「別再彎曲膝蓋」會讓他多做一些思考和斟酌。正向的語言讓你的大腦專注於自己**理應**做的事。我在職場溝通的輔導工作上甚至在育兒方面，見證過這個原則以數之不盡的方式發揮作用（「別喊叫！」對比「請安靜！」）。

適切的溝通可為個人界限和親和力搭起橋梁。就界限進行溝通，最好是給它積極的正向框架。你將注意到，在上述所有例子裡，界限都是凸顯自己做什麼，而非強調自己不做什麼。每次你進行溝通時，都可考慮以這種方式來框定自己的界限：

負面的界限框定方式	正向的界限框定方式
我週五不開會。	我週一到週四可安排會議。
我們不在工作日看電視。	我們在週六和週日看電視。
我不在工作時間外即時通訊。	我在上午七點到下午五點之間可以即時通訊。
我這週不接受職涯徵詢。	我在每月第三個週四接受職涯徵詢。
我週末不接家庭合照工作。	我在週二或週四提供家庭合照服務。
我每天下午五點結束工作。	我在下午五點以前可以開會。
我現在不接受新客戶。	我從五月開始接受新客戶。
我不會在二十四小時內完成合約審查。	我會在四十八小時內處理所有合同。
我在工作日沒有時間會談這個議題。	我在每週五的上班時間可商討這個議題。

我們可以看出，當從正向的觀點就相同的界限進行溝通時，人們的感受將會好很多。積極的角度讓承受界限的對方聚焦於你可以做和將要做的事，而非不可碰觸的禁區。

你的使用者手冊

用正向的語言設定並確立了自己的界限，我們還要做好溝通工作，避免在出現各種狀況時必須再講一次。廣泛宣傳的最佳方式是盡可能在任何地方明列出來，例如在公司的個人資料頁面、在你的email 簽名處，或者在工作夥伴容易存取之處。你也可以透過工作流程一再向人確認自己的各項界限。我時常用「我只參與有議程的會議☺！」來回絕沒有明確時程規畫的會議邀約。（我通常會加上笑臉符號來表達友善，但這取決於個人的作風。）

包括工程資深副總烏爾斯‧霍澤爾（Urs Hölzle）等多位谷歌領導人均推廣某種「用戶手冊」或「工作夥伴指南」。烏爾斯藉此闡明自己的做事風格、對各式會議有何偏好，以及他喜愛如何被問及決策事宜。他以公司個人資料頁面連結方式廣為發布，並隨時更新、供人查看。這是好辦法，可以消弭他與別人合作時可能的種種猜測。你可以明白顯示自己偏好於何時、用何種方式溝通（email、即時訊息、會談或電話），以及你當前的各項優先事項和界限。

我經常向客戶指出，當事態變得緊張時，「壓力」會突如其來地打擊我們。如果人們發 email 給你，而你沒能及時查看收件匣，他們會在群組行事曆上標註發件時間。如果你的時程表上沒空檔，他們

會傳送簡訊問你，或詢問你的決定。若能清楚地界定自己的溝通偏好並率先表明（比如說你不常查閱 email，而且寧願從快速的五分鐘同步來著手），就可以避免這類「壓力擴散」！我能輕而易舉地駕馭 email，但是當行事曆被人過度預訂時，我會覺得自己負荷不了，所以個人偏好的首要溝通方式是透過 email。我們把工作風格和溝通偏好公告周知，或與團隊隊友分享，這是個很好的起點。

倘若這在你的工作場所並不常見，那麼可以從小處做起，比如只對你的直屬團隊或經理分享自己的界限或工作偏好。在季度的異地會議或團隊會議期間一同探討如何促進團隊協作，以及增進個人工作表現的方法。製作清單列出你的團隊成員各自的偏好，例如：凱爾偏愛於群組行事曆排進任何事情前先收到 email 通知！或者馬揚喜好在各項會議之間有三十分鐘休息時間，如果可能的話！我建議把這些界限或偏好顯示在其他人容易看到的地方。而且數週後還要再檢視一下，以了解整體溝通和工作流程有無改善。

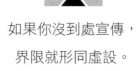

如果你沒到處宣傳，
界限就形同虛設。

花的精力較少，得到效益更大

設定務實的界限很重要，而同樣重要的是讓人明白你平易近人，

並且在個人界限內可以提供優質的面對面時間及與人協作。過度配合別人往往會招致效率低落。我們可以用更少的時間做更多的事情，並花費更少的精力點數來獲得更多的協作時間。

1. **設定辦公室諮商時段**：如果你發現很多會談不符合自己的日常節奏、常態工作組合或最重大的優先事項，那麼可以考慮設定辦公室每週的諮商時段。這是為了那些比較屬於**拉動**類別的事情（比如你被詢及某件事或被拉進某件事）。將這些事安排在你精力較為不濟的時段。假設有人想向你請益職涯建言，而他們並非你尋常的優先對象，那麼這可能適合安排在你的辦公室諮商時段。一開始可以設定為極短的期間（比如說十分鐘）。我們還要建立諮商時段相關規則，例如他人期望你審閱的任何材料必須在一兩天前寄給你，或者任何決策相關者都務必參與會議。我們要讓別人知道，當他們需要我們的建議，有辦公室諮商時段可用來會談。光是設定諮商時段就可明示你在這段期間有空，無論最終是否會有人用到它。這正如第一課提到的大學教授辦公室學生輔導與諮詢時間。

2. **把相似會議分為同一類**：維護邊界的另一種方式是將類似的定期會議畫分組別。我曾與一位主管合作，她發現自己分別和不同的工程團隊舉行會議，而他們於會中提出的問題大同小異。所以對她來說，這無異於一週開三次同樣的會議，只是這些會議對所有工程師來說都很重要，因為他們的難題可以獲得解答。於是我們商議簡化會議的方法，最終決定把三次會議

合併為一次工程問答，讓三個團隊全都可以提問。歷經這次變革之後，我們發現許多工程師有相似的問題，而在更大的團體裡討論可進一步分享想法和集思廣益，這使得所有團隊都受益匪淺，而且她的行事曆可得以釋出一些自由時間。你可以將這種觀點應用到自己的時程規畫。如果你有大量的一對一會議，看看是否有辦法把它們合併為一對二、一對四，或是一對多會議。也有可能你每週與類似的群體開兩次會議，當中僅有一兩個與會者與眾不同。在這種情況下，你可以考慮能否改為兩週一次的會議，並把時間延長十五分鐘，而且讓那一兩位需求特殊的人在最後階段與會？對於如何最大程度地利用自己的時間，我們要找好方法。

3. **接受更短的會議時間**：有時候你必須與人聯繫好取得最新資訊，而這並不是總要花很多時間。十五分鐘的簡短會談就好。對於縮短常態會議時間應抱持開放態度，而這要簡報者精簡內容。創新源自稀缺，而節縮會議時間就是一個完美的例子。我最喜歡的活動之一是在谷歌最常見的**閃電式演說**，簡報者只有一個投影片和三分鐘時間來教導聽眾某件事情，讓他們認同自己的構想、實作方法、投售技巧，或者藉此說明一項專案的最新進展。演講的時限採行自動計時，所以在三分鐘後下一張投影片就會出現，簡報人便會被「踢下」講台。聽眾們都知道在看到下一張投影片時要大聲鼓掌，這樣演說者就知道自己該下台了。當簡報者預知自己只有三分鐘來產生影響時，他們傳達訊息的能力實在不可思議。他們力求「去蕪存菁」、想方設法

使只限一張的投影片在視覺上引人入勝又簡潔凝鍊，而且內容僅呈現出重點。他們就只有一次機會來產生影響，一定要充分利用。更不用說觀眾將會全神貫注，因為訊息言簡意賅，他們全然不會接收到任何多餘的東西。這與《芝麻街》在創立之初採用的電視廣告風格相似（以「商業廣告」來推廣兒童學習數字和字母）。無論是成人還是小孩都發現，比起消化長篇大論、過於複雜的材料，吸收經過披沙瀝金的簡要訊息容易得多。（關於如何開更簡短的會議，請參見第十三課。）

4. 「一舉數得」：另一種更有效利用時間的方式是，盡可能安排更多人同時開會或推行任務（不致分散你的專注力）。如果你通常於中午散步，那就找人一起散步面談，以相互了解彼此的近況。假如你無論如何都必須吃午餐，那就邀請一直要求和你聊近況的人共同用餐。如果你在小孩練足球時得在車上等待，那麼你可以在此時進行電話聯繫。我們要時時思考使自己該做的一些事情能一起做的方法。

我曾經與一位剛加入谷歌任職的高管合作。他管理著橫跨各大洲、時區和業務領域的全球團隊。在重新檢視他的時間安排之後，我們發現他花費大量時間聯繫那些分散於世界各地的團隊成員。除了延續既有的團隊會議之外，他也在自己的行事曆中增添新的會議，期望藉此了解團隊的每個成員。然而他分身乏術，即使時程表滿檔，他仍無法處理自己的首要優先事項。

我們詳細檢視其行程表，然後做了以下變更：

- 與其以「新谷歌人」（Noogler）身分，每季分九次和團隊成員進行每回三十分鐘的一對一面談（合計四個半小時），不如安排大家出席每季一次的一小時午餐會。大部分谷歌人想討論的問題都很相近，而且午餐會還可以增進彼此認識。
- 他的行程表不再充滿一對一會談，而是於每個季度最初兩天供人登記十五分鐘的面談時段，這使他在這兩天裡專注於會議，得以於此後釋出更多時間。
- 其團隊每週例行會議從兩小時縮減為四十五分鐘。這讓人感覺有大幅進步，我們也希望徹底改變會談給人的感受，讓人覺得耳目一新。他認為面談時間往往被可在其他場合討論的事填滿，而且他和團隊所有成員已有每週了解彼此近況的安排。他希望新的會議能準備更多會前預讀資料，而且簡報時間應更簡短。我們同意進行兩個月的測試好體驗成效。
- 我們決定改變其差旅計畫，每個季度只往訪一個地方，而且在每次外訪時召開更長時間的團隊會議，而不再每個國家每月召集一次團隊會議（因為是面對面會議而且每個人都必定把它視為優先事項，所以影響更大）。
- 每週五設定辦公室諮商時段，用於不涉及其核心工作的會談。

當我於幾個月後再次和他見面時，情況已**大不同**。其團隊成員覺得他們得到了適當的面談時間（他進行了一次匿名的全團隊調查，成員的反應都很正面）。他有策略的把一些會議轉變為面對面的形式，

使得實際見到團隊成員的次數增多了。最重要的是，他成為一個更傑出的領導者。他的日程表中有更多的時間用於自己想要推動的團隊事務。他的運作很有成效——這全都是因為我們做了「投注較少精力，獲取更大效益」的日程規畫調整。

確立界限，就能更輕鬆回絕他人

倘若你不承認有時得直截了當拒絕人，就沒辦法完整討論界限的重要性。拒絕人是可行的。本書第二課概述了表達**這對我行不通**的一些絕佳策略。

設定明確界限並且慎重與人溝通的好處多多，你能夠少說很多次「不」。藉由公告周知我保留周五上午的專注時間，以及在群組行事曆上封鎖這個時間段，我就不必花心思拒絕任何週五會議，因為根本沒人會安排週五與我開會。藉著在自訂的「使用者手冊」中聲明我只喜歡以即時訊息處理緊急事項，我收到的即時訊息幾乎都不是可以忽略不看的，也無須轉給他人，那些非緊急訊息會進到我的 email 收件匣，而這符合我個人的偏好。

當有事情踰越你的界限時，提及這些界限很有幫助，這樣人們就能明白你婉拒的原因，而且比較不可能再越界。你可以說，「提醒一下，我只在晚上七點之前有空開會，所以我不參與這個會議，」或者說，「正如你在我的使用手冊（連結）中看到的，我更喜歡在開會前先透過 email 展開討論，所以請把你的想法寄給我來，我會回應並了解一下是否須安排時間！謝謝！」

　　設定界限會讓回絕事情變得不那麼有個別針對性。我並不是專對這次**特定的**會議說「不」，而是拒絕任何在晚上七點以後召開的會議。我不是在工作時間外忽視你的訊息，而是從一開始就明確表示，我只在工作時間，也就是早上八點到下午五點回覆訊息。界限使諸事條理分明，這有助於維繫職場關係和保持自己的頭腦清晰。

　　當然，這些界限應具有變通的靈活度（如果一位高階主管在你不希望會面的時間要求面談，你可能要調整時程表以配合），畢竟總會有一些你無法控制的事情發生。重點是對於自己可以控制的事情設定一些界限和偏好。如果有人把你當作導師並要求會談，你可因時制宜，邀請他們在你原本計畫休息和用餐的時段一起吃午飯，而不是在行程表上另外撥出三十分鐘。就像我們在第五課討論的行事曆範本一樣，目標是聚焦於你在日程表中**能夠**控制的任何時段，並充分利用。所有的公司和文化都大不同，所以假如還不熟悉個人的界限和偏好，引進這些概念將會是一個漸進的過程。而你現在已擁有了展開相關對話必備的語言和工具。

　　深思熟慮地設定明確的界限對於守護自己的時間、精力、專注力和腦力都很重要。明確劃分界限讓我們的同事能夠更順利與我們合作，並且使我們的工作盡其可能更有成效和創意。不只要做我們於前幾課學的清單列表、安排行事曆及各項技巧，更要設立界限來保護這些時間和空間的安排，才不會無意中浪費掉。

上線時間課後小練習

- 你為自己設定了哪三個界限？請以正面的方式列出來。
- 就「如何與我合作」編寫簡要的使用者手冊，並發給合作者，或者至少和你的團隊及同事分享。
- 查看你的行事曆，找出可獲取更多能量點數的方法：在可能的情況下合併、縮短或重新安排會議。
- 引用你的界限或使用者手冊來説「不」，讓其他人習慣。

第**12**課

規畫時程的計畫

　　許多人一聽到**計畫**就心生抗拒。這個詞可能讓人覺得沒自主性、聯想到投注無數時間備餐，甚或令人感到無聊、提不起勁。也許你不認為自己是擅長擘畫的人，但計畫不必然是百般折磨人的事。我們可以把它想像成興奮地期待、預備，以及充分利用工作上和生活中的每一天！

　　我在本書最前面的章節分享了許多技巧。比如說，製作清單、精簡行事曆、安排每日時程的訣竅等等。我們已經探討過理應**做什麼**、**何時做**與**在哪裡做**等課題，但唯一能夠與這些祕訣相得益彰的是事前規畫。而且，和任何技巧、工具或是策略同等重要的是執行的**方法**。執行待辦事項是**生產力 5C** 中的**完結**部分，也可以說是重中之重！能夠確保自己在承諾的時間內完成所有事項的最佳方法正是計畫──**超前構思**、預先為行動做好準備。計畫絕不只是寫下待辦事項或是放眼

未來。這更是一種善用精力的運動，而且對於我們的意向至關重要。最後關頭才形成的計畫，等於臨時抱佛腳，將是一場災難的前兆。事前謀畫和籌備是成功的關鍵，因為計畫能使你和未來的自己產生直接連結。這就是花一些時間**事先**做好時程安排能帶來巨大改變的原因。

每一天都開始於前一個晚上。

時程規畫

是時候該讓它浸泡一下了

　　任何人都可以在下午四點決定晚餐吃雞肉。當然，你能夠在雞肉上撒一點鹽和調味料，然後烤熟。但如果你前一晚先做好計畫，把雞肉放在自己最喜愛的醃料中浸泡過夜，直到隔天傍晚上烤架，那麼結果會怎麼樣呢？提前做好籌備工作，可使雞肉更加美味可口。我們只須花點心思，再加上一兩個額外的準備步驟，就能讓最終成品不同凡響。此外，在雞肉浸泡於醬汁期間，你可以期待和想像這頓晚餐將吃得津津有味。

週二

| 今天 | ‹ › 2024 年 4 月 28 日 |

28 日 辦公室

7am	冥想／催小孩準備上學
8am	送孩子到學校／將 email 分類
9am	1 小時會議
10am	回覆 email ／電話聯繫
11am	威力時刻──專注於專案規畫
12pm	威力時刻──撰寫給經理的摘要報告
1pm	整理 email ／吃午餐和瀏覽郵件
2pm	1 小時會議
3pm	30 分鐘會議／撥打銷售電話
4pm	健身／淋浴
5pm	閱覽 email ／開車返家
6pm	準備墨西哥塔可餅晚餐
7pm	小孩就寢時間／展開刺繡計畫

　　或者，倘若我告訴你，「嘿！你將在一個月後到斐濟度假！」而不是「嘿！今晚出發去旅行——收拾行李吧！」那麼這個假期會多麼有趣呢？在提前一個月告知的情況下，你將有充足的時間買新泳裝、瀏覽斐濟各式照片、規畫浮潛行程，並可興高采烈期待。臨時起意的旅行雖有其價值，但若有時間預先規畫會讓你更加興致勃勃。當我們擬妥計畫時，事情純然會更為多采多姿，不論那是一頓晚餐、一趟度假之旅，或是尋常的一天。

　　計畫可以為任務增值、能讓我們得以**充分體驗任務**。在第三課，我們探討過一日清單，以及它對於縮小必要事項範圍的效用。無論如何，一日清單的價值很大程度上來自於前一天晚上的籌畫。你有十到十二個小時為接下來一天要做的事情做好心理上的準備。假如我在隔天的時程表上午十時的欄位添加一個事項，我確知自己將在那個時間做那件事。到了翌日上午九時五十九分，我做那件事將遭遇較小的阻力，因為我已經都想好了，甚至可能已就此進行腦力激盪並且形成了若干想法。計畫是使我們著手某項任務的阻力降低的另一種方式。它有助於你的大腦無意外地過渡到下一個活動，因為你已經準備好了。

　　設定會議的議程也差不多。假設你明天要與主管進行定期的一對一報告，而且你想趁機聊一聊大格局的職業生涯話題。然而，你的主管會以為這將只是一如既往的呈報各項專案最新進度的會面。你在面談開始後突然提出職涯相關話題。儘管主管也可以討論此事，但他的精力投注在**全然**不同的地方，於是不得不轉換話題。你因此錯失了竭盡所能開創最佳對話的機會窗口。而預先設定好議程可以解決這個問題。只要備妥議程，你的主管不只將有精力做好會前準備，甚至可能

事先對你的職涯以及他要說的話形成想法，並且拿定主意。

當你看見 X，就規畫 Y

　　養成規畫事情的習慣另一個好方法是運用「**當我看見 X，就規畫 Y**」這個公式。這能觸發你的大腦**在任何時候看到某事時立即聯想到相應的計畫中的任務，以確保自己為此事做好準備**。以下是我個人一些運用實例：

- 接獲會議邀請後，不把 email 從收件匣刪除，直到我為準備與會安排好時間為止。
- 當我看到一項專案的截止日期時，就立即安排好充足的工作時間來完成，並將專案截止日期列入首要清單之中。
- 在收到生日派對或活動邀請時，我會保留邀請函，直到買好禮物再回覆邀約。
- 當廚房或食品儲藏櫃裡的物品用完時，我會將其外包裝放在廚房檯面上，直到我把這件物品加入購物清單裡。
- 在我收到禮物或是友好的信件時，我會把禮盒或信封保留在身邊，直到寫好感謝信。

　　根據你的角色或任務，量身打造適合自己的方式，以便在任何必要的時間和地點開創能夠觸發計畫的契機。

愈常規畫事情，就愈得心應手

　　所謂熟能生巧。如果每週有做好飲食計畫，你將對最喜愛的食譜駕輕就熟——知道自己常用哪些食材、缺少什麼，以及做好每道菜需要多少時間。在工作規畫方面也是同樣的道理。堅持不懈地計畫事情使你領會任務所需時間、最佳執行時段和可能遭遇的阻礙。你甚至可能注意到：「如果我沒有規畫額外時間來籌備會議或做好會前心理準備，未來的我會爆氣，所以我一定要確保自己做到。」或者「未來的我開了一天的會之後會累爆，所以我打算每次會後始終安排晚間放鬆時段。」你將逐漸信任自己的計畫，而且不再依賴記憶。這讓你的大腦有更多機會放鬆，以利想出新點子。計畫有助於你開啟腦內新迴圈，並能促使你滿懷自信地做好事情。

　　不要把規畫事情視為畏途或認為能免則免。它是一個很重要的活動，妥切的計畫能夠賦予我們活力、激發我們的熱情，並引領我們走向未來。更不用說，長遠來看，投注時間籌畫事情往往能為我們節省時間（就像第三課的例子，預先開立清單可以縮短購物時間）。計畫是「現在的你」可以送給「未來的你」的最佳禮物。你擘畫的未來——明天、下週或明年——也會涉及**其他人**，而在職場中，這意味著要開**許多會議**。

上線時間課後小練習

- 在一天或一週開始之前,預先擬定一日和一週清單,然後觀察它會如何改變自己的心態。
- 設想一些能夠觸發「看到 X,就規畫 Y」的契機,好養成習慣於事情發生之前安排好應對時間,或籌畫所需的作為。
- 持續數週練習規畫事情,領會它對你的精力、拖延症和意向產生了多大的影響。

▲
第 **13** 課

賦予會議意義

　　倘若我要求你於下週投注多達二十三小時，幾乎一整天的時間來做某件事，並且告訴你這可能是、也可能不是最好的利用自己時間的方式。那麼你或許不會答應，畢竟它將耗費很多時間。

　　根據二〇一七年《哈佛商業評論》（*Harvard Business Review*）的一項調查，企業高階主管們**每週**開會的時間平均達到二十**三小時**，而上世紀六〇年代的平均時數則不到十小時。麻省理工學院的《史隆管理評論》（*Sloan Management Review*）中有一篇文章指出，雖然一般公司員工可能每週只花費六小時參加會議（無論是虛擬會議或是親自到場），但主管們開會的時間遠比非主管多，而且隨著職位升遷，會議所需時間將呈指數型增長。

　　無論在會議上耗用多少時間，你理應**好好**利用開會時間。當會議品質提升時，員工會更心服口服，而且工作將更加得心應手。《人力

資源管理期刊》（*Human Resources Management Journal*）二〇一〇年刊載的一項研究報告顯示，會議滿意度與工作滿意度之間有直接相關。無論你親自主持會議或者只是參與會議，以下是一些要考慮的事項。

有必要開會嗎？

　　第一個步驟是停下來問問自己，**這場會真的有必要開嗎？**許多會議本來可以採用 email 溝通或即時通訊的形式。開會是運用時間和資源的一種昂貴方式，因為你必須負擔許多人於同一時間齊聚一堂的成本。

　　想像一下一場十人的會議，每個人輪流用三分鐘簡報一週近況，而此事其實可由這十人運用 email 合併功能、發送一封結合各自一週近況三要點的郵件來實現，而且每人只須撥出五分鐘或更少的時間來閱讀 email。倘若開會則要耗掉每個人二十五分鐘，而得到的結果根本就一樣！

　　我們也要考量機會成本。根據我們在第二課探討的權衡取捨課題，接受一場會議就意味著放棄了其他事情。每回你把時間用於開會，就是不把時間用在做其他事情。我們應該確認參與會議是當下最好的利用時間方式，否則可能沒必要取捨。

會議有沒有達到 PAR 標準？

假如決定要開會，我們都希望能確保會議達到 PAR 三大標準。

P：目的（Purpose）——為什麼要召開會議、這屬於哪種類型的
會議？

A：議程（Agenda）——設定並發布議程，好幫助大家做好準備
及確定是否有必要參與。

R：結果（Result）——確立會議成功的判斷標準，而且要有相
關筆記和明確的議決行動項目。

目的：每次會議理當有明確目的，並且應該提前把會議目的分享
給參與者。在我最喜愛的生產力書籍《會議惹人厭：把最令人嫌惡的
商業元素轉變為最有價值的元素》（暫譯，*Meetings Suck: Turning One of
the Most Loathed Elements of Business into One of the Most Valuable*）裡，作者
卡梅隆・赫洛爾德（Cameron Herold）討論了三種不同類型的會議：

- **資訊分享會議：**向上或向下分享的會議，不一定需要討論、意
  見回饋或決策，主旨是提供資訊。
- **創意討論會議：**或者稱為腦力激盪。與會者聚集在一起，提出
  一系列想法、回應某種情況，或是制定新策略。這類會議不必
  然會做成決策。
- **共識決策會議：**開會做成的決議將會改變某種事情。

我認為還有第四種會議：

* **旨在連結的會議**：尤其是在虛擬、遠距和混合式工作的時代，
有時會議的唯一目的就是促進人與人之間的連結。

會議通常是上述事情組合而成。在安排會議時標明會議的類型，
有助於你和其他與會者在會議前後決定必須思考的重要事項。開會有
可能同時涵蓋前述多項目的，我們一定要明確地把會議目的傳達給參
與者。

議程：在第十一課提過，我只參加備有議程的會議，對此我有充
分的理由。議程的好處不僅在於我們知道會議上將討論什麼議題，正
面效用還包括：

* 超前思考（而不是當場思考）的人將更加投入，並有機會推行
其想法。
* 人們帶著主意和適足的能量參與會議。
* 使時間最大化並且避免浪費時間。簡報者知道自己有多少時
間。
* 受邀者可根據議程選擇不出席或派代表與會，因此總會有合適
的人在場。
* 精力集中在妥適的地方，每個人都抱持適切的心態討論議程各
個事項。

- 與會者蒞臨前已做好準備，而且大家掌握了一致的訊息，因為必須閱讀或審查的材料已於會前提前發送。
- 議程是要對未完成的行動項目進行最後推動，並讓與會者願意擔起責任。

會議名稱
與會者（選填）

（各項）目的：
（從分享資訊、做成決策、腦力激盪、促進連結四者進行選擇）

　會前準備工作或預讀文件：
　（讓參與者知道預計需要多少時間，比如說用8分鐘閱覽文件）

　預期的結果：
　（會議是否成功有何判別標準？）

議程：
- 檢討上次會議決議的各行動項目（如果有的話）
- 議程項目1——當責者（分配的時間——比如說10分鐘）
- 議程項目2（分配的時間——比如說10分鐘）

結果：

　筆記：
　_____
　_____
　_____

後續追蹤／行動項目：
- 行動項目（指派一名當責者）
- 行動項目（指派一名當責者）
- 行動項目（指派一名當責者）

上面列出的議程範本也可以在我的網站找到。議程很能加分，而且我想不出它有任何負面影響。我建議你從我為谷歌人員創建的這個範本著手，因為已廣獲採用。

結果：這可以說是會議最重要的部分：對於這場會議來說，什麼樣的結束方式算是成功呢？倘若一項會議的**實際結果**和**預期結果**（列在上面的範本裡）一致的話，那麼它就是成功的會議。許多人安排會議單純是因為覺得下一步有必要開會。無論如何，假如召集會議的人沒有花時間預先設想，得到什麼樣的結果始為成功的會議，那就不應要求別人撥出時間與會。成功的會議理應將下列事項明確地傳達給與會者：

- 在後續追蹤或總結報告中要明確重申會議決議或結論（報告應向未出席會議者說明決策形成的**方式**或**原因**）。
- 應設定明確的後續步驟和行動項目，以及完成的最終期限。
- 任何必須分享的會議筆記、紀錄或文字稿，應分送給未能與會或可選擇不出席的受邀者。

如果你決定召集一場會議，理應於安排期程之前確認會議目的、議程和預期結果。假設你受邀參與一項沒有設定目的、議程和預期結果的會議，則可以友善地要求主辦方提供議程或確立會議目的。

假如有個人開會時全程都在用筆電，
那麼他可能沒必要出席這場會議。

什麼人該出席？

身為會議主辦人，你當力求以最少的出席人數來達成開會的目標。你邀請的每位與會者都應幫會議加分，或從中獲得益處，或者兩者兼備。我建議把賓客名單**限縮到令你感到不自在的程度**，以促使自己精挑細選。而在最初名單確認之後，應再次評估是否有必要增加邀請對象。出席人數多寡將相應於會議性質而有所變化。你邀請的人是一定會積極參與的人；其他想一探究竟的人可以透過閱讀後續追蹤筆記／會議摘要來獲取相同的資訊。

假如你不能確定團隊的哪些成員應該與會，可以先問大家。你也可以把特定人員列為**可隨意參與者**。你寄給受邀者明確的會議議程，對方將能夠判斷自己是不是適切的與會者，或是應由更適合的人出席。這麼做可以避免**自己基於覺得理所當然而邀請某人**，也讓受邀者能夠免於**因為獲邀而勉強出席**。

決策會議尤其要注重規模小型化。瑪西亞・布蘭科（Marcia Blenko）、麥可・曼金斯（Michael C. Mankins）與保羅・羅傑斯（Paul Rogers）合著的《決斷與交付：在你的組織裡達成突破性

績效的五個步驟》（暫譯，*Decide & Deliver: 5 Steps to Breakthrough Performance in Your Organization*）指出，他們的研究證實了一項傳統智慧，也就是歷來維持七人參與的會議每增加一個人，決策效能就會降低一成。

參與會議並不是獲得一面榮譽勳章。你應確保自己的言行反映出這樣的心態。我們要支持設定界限和求取平衡的新思維。倘若會議議程涵蓋了所有重要事項卻仍有人回絕，我們也應**尊重對方的意願**。他們可能斷定自己並非適切的與會人選，或覺得可以更善用這段時間，而我們也應自覺本身亦擁有這麼做的權限。

該用多少時間開會？

正如你應從會給自己壓力的少少幾位嘉賓名單著手，也應在一開始時設定讓人不能長篇大論的簡短會議時間。我們都傾向把會開得比實際需要的時間更久，所以一開始就以縮短開會時間為目標，通常能讓會議最終在恰當時間內結束。帕金森定律就是這樣的觀念：工作量會愈來愈多，直到填滿為其分配的時間，而會議也是同樣的道理。我們都曾有過這樣的經驗，在預定一小時的會議中，當議程進行約四十七分鐘、即將結束時，突然有人提出一個離題的項目，結果使得對話偏離正軌，而不知不覺間，會議已經超時十分鐘！保持會議簡短且切中要點，即可避免這樣的情況。

鑑於三十分鐘似乎是標準會議時間，而且全國廣播公司（NBC）著名的情境劇《我們的辦公室》（The Office）每集約為三

十分鐘，所以我喜歡在安排會議時運用「**辦公室**規則」。我檢視議程並且思考，是否需要《我們的辦公室》一整集包括廣告的時間來討論議程上的事項？如果議題只有一個，答案通常是**否定的**。對於討論一件事情來說，三十分鐘無疑是很長的時間。

　　不要害怕安排十五分鐘和四十五分鐘的會議，這能對時程表產生很大的影響。把每週四次的一小時會議縮短為每回四十五分鐘，可以讓你省下一小時。假如你定期召開會議，重要的是個別地考慮每一次的會議：倘若某一週有很多事項要討論，那就維持原定的一小時。而如果下週的議題相對較少，不要害怕縮減開會時間。如果你是會議的召集人，適時取消會議和適度減少開會時間可為你贏得敬重。可以向其他人表明，你非常清楚自己正在使用他們的時間。假如你是主持人而且在會議開始時宣稱，好的，我們今天沒有太多事情要討論，但既然已經安排了這場會議，我想我們可以利用這一個小時了解彼此的近況，這肯定會讓其他人很難尊重你，或者他們往後就不太想參與你召集的會議。

隔多久開一次會？

　　要確實掌握該隔多久舉行一次會議，唯一的方式是確立一個特定節奏或循環週期，然後每隔一段時間檢視這樣的頻率是否適切。許多人遺漏了定期檢討。他們安排每週開一次會，而且一直這樣開會，幾乎從不停下來問自己，每週一會的節奏是否恰到好處。這也許過於頻繁，也有可能不夠密集，以致必須另外召集臨時會議。就如同金髮女

孩（Goldilocks）的不冷不熱、剛剛好原則那樣，我們應該測試會議是否過於稀稀落落或太頻繁、開會時間是否太長或過短，直至確認剛好為止。

為了免於憑空猜測，我們可以從限制系列會議召開頻率來著手。一開始，先決定你將只安排五場會議。在這五次會議結束時，你將（懷著零基行事曆的心態）重新評估並且重做安排，不論是維持或調整會議節奏和時長，或是判斷沒必要而終止此系列會議。如果那個節奏行之有效——非常好！繼續保持下去。假如你留意到會議了無新意，或者實際上可以更簡短一些，就做出改變！

在調整好開會頻率後，還要確保會議**有價值**。假設你和某個人每週進行一次會談以更新近況，但在會前一有想法或出現沒有時效性的問題時，就立即發送訊息或以 email 告知對方，而不是將其排進議程。這會讓彼此面談的理由和品質變得沒價值。會議將不再是你與對方產生連結的首選。由於你於一週內頻繁發即時訊息和 email，以致在定期的近況更新會談時，你倆可能不會有太多事情可以討論。同樣地，如果你和團隊成員每週召開近況更新會議，但又時時透過 email 更新各種訊息，那麼你不但在每週會議上使用他們的時間，還占用了他們的收件匣空間。我們該尊重自己選擇的會議節奏，在可行的情況下，對於能夠等候的溝通，靜待開會時再來進行，以提高會議的價值。

後續追蹤

　　各式會議的後續追蹤方法可能不盡相同，但應與所屬類型環環相扣。我並不是一個極注重**精確筆記、逐字記錄**的人，因為說實話，誰會一個字一個字閱讀呢？重要的是，運用項目符號、關鍵的連結、明確的行動項目以及期限來完成會議總結。

　　以下是我們先前討論過的四種會議類型一般的後續追蹤原則：

資訊分享：後續跟進應涵蓋會中已分享的資訊和必須進一步學習的任何資訊或連結。

創意討論（或腦力激盪）：後續追蹤理當提供會議討論摘要，假如有人在會後有了新想法（這經常發生！），要準備好一個發送這些想法的管道。若須根據研議的資訊做出決斷，也要說明決策時程以及方法。

共識決策：後續跟進應包括做成的決策與促成相應改變的方法和時機。這可避免大家會後過多的空談，或對決策時程及方式尚有疑惑未解。

連結：後續追蹤須重申會中研商的任何事項，如果會議目的是形成網絡或探索各式機會，要維繫好各種連結，並在可能的情況下設定下一次連結的日期。

　　假如你收到會議後續追蹤報告或相關行動項目，請直接把它們添加到你的清單漏斗之中。如果是當天須做好的事，請在你的一日清單裡為其找出一個位置。倘若是一週內須完成的事項，請將其放進你當週的清單中。設若完成期限超過一週，請把它增添到你的主要清單裡，並設定一個截止日期、找時間完成它！

這是很棒的時間運用方式嗎？

　　不論你是會議主辦人或者只是參與者，都有責任使開會成為所有與會者**最好**的運用時間方式。假如你參加的會議未能有效利用你的時間，你有責任（但態度要友善）挑戰會議主持人，並提出建議以促成改變。你也可以自動自發投注時間和付出努力，使會議更加圓滿。這通常會讓主辦方大為感激。

　　我在谷歌參與過的最優質會議是由一位產品經理主持，涵蓋所有跨功能人員的每週產品會議。以下是它出類拔萃、令我於十二年後念念不忘的一些要素：

- 會議**準時**開始，並以一項有趣的事實、提示或對公司有利的條件開場。人們為聽取訊息而**爭先恐後**趕來開會。（如果無法進會議室，就線上加入！）
- 參與者都在會前兩天收到議程，當中包含會中將討論的內容、預讀資料和準備事項。假如各項議程總時數少於預先配置的一個小時，會議就會縮短。倘若待議事項不足以召集會議，則取

消當週的會議。

- 會議一開始即假定每個人都已看過預讀資料，因此不予複誦也不播放相關的投影片。（假若首次與會者未預先閱讀資料，他們很快就會意識到從開頭就跟不上議程，而且往後再也不會省略預備工作！）

- 每週的首個議程都是檢查上週所指派各行動項目的進度。這使得大家勇於當責。只要你於上週開會時被分派了任務，必定會在下週會議一開始被問及進度，於是你將明快地著手工作，因為你希望有良好的進展可向大家報告！

- 當簡報者分配到的時間只剩下一分鐘時，會議室的計時器就會發出聲響。我們不用讓人尷尬的方式來打斷發言者，當聽到計時器聲響時，大家都明白該怎麼做。

我總是滿心期待這樣的會議，並且知道自己的時間絕不會被浪費掉。這系列會議始終無往不利，而且促成的產品大發利市。產品經理因而備受敬重。這是令人欽佩的、真正優秀的會議典範。

不要猜……直接問！

會議召集者往往會擔心開會時間是否過長或太短，會不會過於頻繁或不夠密集，或是與會者是否覺得有效利用了自己的時間。與其費心猜測，不如直接問個明白！就你主辦的任何會議做匿名調查或發出問卷，看看人們在「會議背後」有什麼話要說。他們的回饋意見通常

會和你的想法不謀而合。你可能一直想縮短團隊會議時間，但又擔心成員或許會覺得和你交流的時間不夠。然而，實際上他們向來希望縮減開會時間。你要養成收集會議回饋意見的習慣，並在自己被問到作為會議參與者的意見時，給出誠實的回饋。

　　開會可能耗去大量時間，然而只要管理得好，也可以是有效利用時間的方式。假如你是會議主持人，務須考量的事情包括議程、後續追蹤、時效性、什麼人應當出席、理應多久開一次會，以及每次會議時長。若是參與會議，也請你同樣考慮這些事情，並向會議主辦者提供回饋意見。每個人都會尊重那些期望精明地善用自己（和他人）時間的夥伴。駕馭好各項會議，你將能夠掌控自己的工作日。

　　設定好事情的優先順序、學會怎麼拒絕時間小偷、理解自身的能量流、領會如何組織日程表，並且使會議品質極大化，這些都是上線時間的基本工夫。在前面的章節裡，我們已經探討許多可以實現這一切的新策略和工具。只要量身打造並且一以貫之地運用，各項工具將能發揮強大的效用。

上線時間課後小練習

- 在安排開會之前，想一想會議是否達到 PAR 標準，如果符合要求，那麼它又屬於哪種會議類型。
- 仔細考慮誰參加會議、多久開一次，及會議開多久。想想看是否可以縮減與會人數、開會頻率或會議時間。
- 盡可能把各事項引導到議程上，好讓會議「具有意義」，不然就選擇另一種溝通方式。
- 時時檢視你主持的會議和各項定期會議，確認是否有合適的節奏和時長；發送調查問卷並且尋求回饋意見。
- 為會議設計一套最佳議程和後續追蹤模式。

---▲---

第14課

打造強大的工具

　　我在引言中曾談到，人們往往認為生產力就是**效率**，亦即你在最短的時間內能夠做好多少工作。儘管生產力有更廣泛的定義，效率當然屬於生產力的一部分。你能閉合最多腦內迴圈的能力，毫無疑問會影響你的全面生產力。

　　許多人仰賴 app、計畫與平台等各式工具來填補生產力的缺口。雖然工具有效，而且確實可以強化整體工作流程，但是生產力制勝的真正關鍵在於，使得運用工具的**意向**與令工具**得心應手的知識**相得益彰。

　　在一次輔導課程中，我向一位已於工作上使用 Gmail 十二年的人示範如何變更 email 標籤的顏色。我們把他必須留意的、來自上級的郵件標示為鮮紅色、使它們「引人注目」。我們還用另一種顏色標示來自公司外部的 email，以便輕鬆地優先處理銷售郵件。這種用新視

覺方式查看 email 的方式令他很開心。我不禁心想，如果他更早學到
這個方法，並且在那十二年間借助不同的顏色來分類 email，一定很
有幫助！

花時間在做好各種設定

　　我已經連續九年每週向五萬多名谷歌員工發送 email，提供給關
於如何在 Google Workspace 提高生產力的快速提示。Google Workspace
是擁有數十億用戶的通訊和協作應用程式，當中包括 Gmail、Google
Chat、Calendar、Drive、Docs、Sheets、Meet 等等。你現在可以從
Google Workspace 的 YouTube 頻道找到我提供的各種使用提示，其中
涵蓋了從利用 Gmail 直接創建谷歌行事曆 Google 事件到在谷歌表單
（Google Form）中使用圖片的所有內容。目的是提供小巧而有用的
節省時間的提示。我收到許多已追隨這些提示多年的用戶寄來無數
email，告訴我這幫他們省下多少時間，並且提升了他們的整體生產
力。也有不少人透過 email 問說，你如何想出這些提示？

　　如今，我參與許多這類功能的研發過程、與產品團隊協作，而且
在他們發布新功能之前會事先接獲相關通知。無論如何，在最初的幾
年，我的所有提示都是從設定中找到。

　　任何產品或工具的設定就是為了這個目的：為你的成功**做好準
備**。為自己量身打造、強化工作流程、使工具為你服務。我們忽略了
許多功能，純粹是因為沒花時間探究那些設定能做什麼。對於你每週
至少接觸一次的任何產品──從電視或洗衣機到 email 或即時通訊軟

體——你應該花二十分鐘時間去研究如何設定它們、弄清楚這有什麼效用。

　　我爸爸能夠令人難以置信地精確設定他的洗碗機。他使機器容納大量碗盤並且全都洗得乾乾淨淨。他使每晚的洗碗流程看來像是精心設計的成果。碗盤的擺放都有特定的方向，而且杯子的排列角度顯得完美。洗碗機裡沒有一寸空間未被充分利用或遭到浪費。我問他如何學會這樣善用機器，你猜他怎麼說。他詳讀了製造商提供的洗碗機使用說明書。誰會這麼做？幾乎沒人吧。然而，假如我們都學他呢？每個晚上動用洗碗機將會變得易如反掌。這是一個微小的前期投資，卻能帶來如此受用的每日報酬。

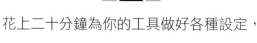

花上二十分鐘為你的工具做好各種設定，

讓工具變強大。

　　倘若我們對工作上用到的所有工具都這樣做，比如為 email、即時通訊軟體和行事曆等做好種種設定，結果會怎樣？我們將能全面領會怎麼依據自身需求來設定行動裝置上的各項通知，以便在想要查看的時候，只看到按照自己選定的顏色和標記方式呈現出來的項目，從而得以找到所需訊息。大多數人使用這些工具時並未徹底探索各項功用，以致每天用卻不了解真正強大之處。

依你的需求自訂各種顯見和隱藏的功能

　　我們將在下一課更詳盡探討這個議題，而讓產品為你所用的一個要項是確保其不致對你造成**反效果**。生產力工具和 app 有時可能會分散你的注意力，而無意間降低生產力。我們可能於任何時間和地點受到通知的干擾。任何讓人分心一秒鐘或更長時間的事都會占去我們的整體思維空間，即使我們沒有開啟通知內容，仍會消耗一些精力點數。而且這種耗損會日積月累。

　　對於一直隨身攜帶的設備，我們要確保自己充分利用自訂功能，好自主掌控所看到的內容。你可以設定自己的手機上顯示哪些人的來電、何時響鈴、響鈴的時長、鈴聲的音量和音調。同樣的，這也適用於 email 或即時訊息通知。考慮一下設定通知摘要或自訂通知，以便只在你的工作時間內看到重要的即時訊息。弄清楚如何讓行動裝置在特定的人向你發送 email 時顯示通知，而不是照單全收。你可以設定一個時間，每天接收一次頭條新聞，而不是接收所有的更新。我將手機上社群媒體 app 使用時間限定為晚上一小時（甚至要求我先生代管密碼，以免自己禁不住誘惑而變更設定！）。所有這些產品設定中的小變化都有助於創造一個更清爽的心理空間，以促進創新和開啟腦內迴圈，及避免漫無目的的瞎聊。

個人化

　　除了自訂設定之外，還可以嘗試自主設計！如果某件事能引人

入勝，你就更有可能保持條理分明、井然有序。假如你喜歡自己的棉被，就更有動力整理你的床！當你把 email 的背景換成自己最喜愛的海灘照片時，瀏覽 email 就會更輕鬆愉快。在檔案管理系統中用顏色來分類資料夾，可使它看起來更有意思。一位與我合作過的高階主管最感興趣的是，學會在虛擬行事曆上為所有航程添加飛航表情符號，以及在他女兒的網球比賽日期附上網球圖示。當你日復一日查看工具、程式、email、桌面和行事曆時，發現視覺上令人心曠神怡的小東西，將可帶給你一些改變。

　　谷歌執行長團隊副總湯姆・歐立維里（Tom Oliveri）每天須處理大量公事，這包括各式 email、清單、待審查的簡報以及決策。他非常喜歡吃墨西哥捲餅。其助理莎拉想用一種能引他注意的方式來標記最重要的事情，於是當有很多事情接踵而至時，她就發給他一封主旨只有墨西哥捲餅表情符號 🌮 的 email。這個方式讓熱愛墨西哥捲餅的湯姆覺得很有趣，從此成為其團隊傳達「極重要」訊息的一種妙趣橫生又有代表性的提醒方式。很快地，人們將其稱為「墨西哥捲餅清單」，讓人感覺比「待辦事項清單」更有趣得多、更容易與之互動。這種自訂工具功能的小小樂趣，為湯姆的日常生活和工作流程帶來了變化。花時間自訂工作流程，有助於我們打破單調乏味的狀態、更能將各種工具或系統用下去。

駕馭人工智慧（AI）的力量、更高明地推動工作

　　眾所周知，人工智慧正在改變工作領域和我們完成任務的方式。

憑藉簡單的提示（prompt）即可產生新作品的生成式 AI，能夠幫助我們寫作或修改 email 和文件、製作資訊摘要，甚至可以從零開始，創造出圖像、影片和簡報。我對 Google Workspace 這類解決方案的生成式 AI 的運用方法，和我理解各項工具的設定方式一樣，同樣都著重於領會它們能為我做什麼。然而，AI 並非萬無一失，它要結合人類的回饋，才能產生最佳效用。所以，或許你可以嘗試讓自己最喜愛的生成式 AI 工具發展專案綱要或簡報投影片，然後給予回饋意見讓它更好。閱讀相關設定說明，想清楚可以使用哪些提示，以及如何使你的回饋與人工智慧相得益彰。一旦有了一個起點，我們通常能輕而易舉地做各種調整，並增添個人操作上的各式細緻變化。歸根究柢，AI 無法取代人類的獨創性、創造力和智能。但是毫無疑問，只要運用得宜，AI 就能成為我們最出色的強效工具之一，並將在未來幾年持續提升我們的生產力。

捷足先登

要靈活運用各項設備有一項要件，就是了解如何建立捷徑促使行動更加便捷。鍵盤快速鍵讓你不必碰滑鼠就能執行尋常的操作，可說是生產力世界中遭到忽視的英雄。舉例來說，在使用 Gmail 時，只要啟用快速鍵功能，按下 r 鍵就可以回覆一件 email，按了 a 鍵就能回覆所有聯絡人──這僅是眾多快速鍵裡的一部分。所有程式都有鍵盤快速鍵，在常見的操作上，這可以為你節省數秒鐘甚至幾分鐘的時間。教育平台 Brainscape 的一項統計顯示，學會每天最常操作項目的

鍵盤快速鍵，每年可為自己節省多達六十四小時——相當於**八個工作日**的時間。我座位後方或同一辦公區的人們常問說，你做事怎會那麼快？如何不碰滑鼠就能從一個標籤頁切換到另一標籤頁？我的答案總是：善用鍵盤快速鍵！

　　從一些小事著手，比如說你的 email。想想你一天下來最常做哪些動作（回覆、全部回覆、刪除、存檔）。找出並且勤於練習這些主要動作的鍵盤快速鍵。即使只是學會如何在瀏覽器中運用快速鍵開啟新視窗，也能相應於你每日的使用頻率，為自己省下不少時間。

　　假如你想要更上層樓，可以進入鍵盤快速鍵訓練營深造。這意味著切切實實不使用滑鼠，或把滑鼠翻轉過來，或乾脆收起來。每次你想碰滑鼠時就打開快速鍵選單、弄清楚如何純粹以按鍵來完成操作。我曾在北卡羅來納大學教堂山分校（UNC Chapel Hill）上過電子表格課程，期末考時禁止使用滑鼠，所有事情都必須用鍵盤快速鍵完成。記住這些快速鍵之後，我始終持續善用它們。身為一個每天運用電子表格的人，鍵盤快速鍵十多年來幫我節省了無數時間。這一切都要歸功於我投注了時間徹底學習所有快速鍵。

　　這些提示和技巧看起來可能相對地微不足道，但倘若我未從各項體驗——我自身和成千上萬共事者的經驗——領會到它們可為你省下多少時間，以及這將如何讓你以空前的速度和生產力水平向前推進，那麼我就不會用整個章節的篇幅來闡述它們。不論你的行動如何迅速，仍可能會有種種干擾試圖阻礙你。在下一課，我們將探討如何在各式干擾來臨之前預作準備，以及如果它們確實來襲，應當如何應對。

上線時間課後小練習

- 想一想你每天使用哪些事物，例如手機、電子郵件 app，和洗碗機等。花二十分鐘弄清楚它們的各項設定能為你做些什麼。
- 自訂各項通知和工具，只在設定好的時間顯示想看的事項。進一步自訂各項功能，讓它在視覺上讓人賞心悅目！
- 找出你在常用的產品上三到五個最尋常的動作，並且學會相應的鍵盤快速鍵，好減少規律的動作所需的時間。

第**15**課

克服令人分心的事

　　假如你已確認各項優先事項、安排好時間加以處理、確保自己在最適切的時間和地點工作，並且對種種工具駕輕就熟……就能夠把事情完成，對吧？其實並非總是如此，畢竟始終會有**使我們分心的事情發生**。正如我在引言中所說，進入心流狀態＋專注＝更善用時間。當你創造了一個完美的完成工作的環境時，即使時間和精力無虞，倘若不夠專心，便難以確保能夠把生產力發揮到極致。

　　勤勤懇懇、進入心流狀態或**深度工作**等人人琅琅上口的詞語都蘊含同一個意思：做事心無旁騖。然而，現今保持專注可能困難重重。我們往往於心智上──而且通常實體上──在多處地點工作。我們持續學著在這些工作空間中相互溝通和協作。而且，意在幫助我們提高生產力的科技產品不斷發出各式通知和提醒，使得我們應接不暇。加州大學爾灣分校的一項研究發現，一旦心有旁騖，我們平均需要二十

三分十五秒，才能重新集中注意力。難怪我們很難臻於最佳工作狀態。

　　當令人一心多用的事物出現時，要將其排除談何容易。你不能指望自己不去理會已經接收到的各式提示音、即時訊息、簡訊或email──這也無傷大雅！但是，我們務須竭盡全力防杜各式干擾侵入工作空間。

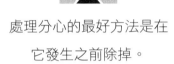

處理分心的最好方法是在
它發生之前除掉。

保護好工作區域，別受干擾

　　與第七課探討的擔任自己的助手這個課題相似，有令人走神的事物時，我們應以抽離的、第三方的視角來看待自己的工作流程。設定無干擾的工作場域就好比**建立**一個保護兒童安全的住家環境。想像一下，有個小孩要來你家住一個星期，他的年紀已經夠大，可以自己四處走動，但還不懂得遵守各項指示。這時你有三個選項：

1. 不針對此事預做任何準備。你將整個星期追著小孩跑，密切注意一切安全風險，並不斷警告他，不要拿抽屜裡的刀子！不要碰開放式壁爐！不要把手指伸進插座裡！等等……

2. 指定一個安全的房間或區域，嚴格限制小孩只能在其中活動。

3. 做好兒童安全防護！花幾分鐘把壁爐關好、安裝插座保護蓋、把存放刀具的抽屜上鎖，並移除地板上任何危險物品，讓小孩能夠自由地四處探索。

你可以看清，雖然選項三須事前付出一些努力，但你在整個星期裡將更加輕鬆自在。選項二是一個不錯的快速解決方案，但就較長的時間來說，這對孩子的限制可能過頭，而且不切實際。選項一則會使你精疲力竭。到了第三天，你就會累壞，因為你必須終日全神貫注，不斷查看、隨時掌握各種狀況，這是多麼耗費能量的事情！更不用說這根本難以防範危險的事情發生。

在工作中保持專注也是同樣的道理。以下是一些選項：

1. 不為專心工作預做任何準備。允許自己查看所有的通知、郵件、彈出視窗、訊息和開啟的索引標籤。工作時手機放在身邊，並期望如果發生分散注意力的事情，自己能夠迅速重新專注於工作（根據研究結果，這不太可能）。

2. 營造一個有助於聚精會神的環境，讓自己只看到應專注的事情。列印你必須審查的簡報或合約，並在紙上完成校閱。使用一台沒有無線網路或未登入常用程式的獨立電腦（短時間內行得通，但長期來看不切實際）。

3. 當自己的助理。在工作時段**開始之前**，花一些時間為自己做好一心一意工作的準備。想一想可能讓未來的你做事時分心

的狀況。先去上廁所、備好點心和水。關閉或最小化工作上非必要的電腦作業系統視窗和瀏覽器索引標籤（我稱此為**單索引標籤工作法**）。封鎖彈出通知並登出即時訊息程式。把手機放在離你二十秒以上時程的另一個房間裡。尚恩・艾科爾（Shawn Achor）在其著作《哈佛最受歡迎的快樂工作學》（*The Happiness Advantage*）中引介了「二十秒法則」：如果做一件事只需不到二十秒的時間，你將更有可能去做它；而如果需時超過二十秒，你就比較不可能去做。因此，我們應當確保令人心有旁騖的事物與自己的距離超過二十秒的時程。

如你所見，選項三是長期獲得**最大**成功的關鍵。你起初或許會因大腦已習於「電玩模式」、向來保持著高度警戒、隨時準備擊退各式迎面而來的刺激（即時訊息、彈出式通知、電子郵件），而對於除了必須做的事情外，沒有其他事要做的情況感到不知所措。但是，這肯定能讓你消耗較少的能量。坐在空白文件檔前、面對著不停閃爍的滑鼠游標，可能會令你感到十分「厭煩」，但你就是要**忍受無聊**，好讓自己進入專注狀態。一旦大腦克服最初的恐慌並且擺脫了一切干擾，你就會迅速進入上線時間，並能更省時地完成種種要務。

別讓 email 使自己分心

我們將於下個章節深入探究如何組織和管理電子郵件。最重要的是記得，你可能永遠不會在打開 email 時心想：噢，這裡根本沒有什

麼十萬火急的事！就多數人的情況來說，email 始終來個不停，有時這未嘗不是一件好事，因為這意味著我們總是有更多工作或生活上的大小事等待完成。問題在於我們一天裡過於頻繁地開啟 email，而耗用掉太多時間。我們甚至讓 email 程式在電腦背景中持續運作，或者不斷拿起手機查看新郵件，並且總是被那些提示聲響分散注意力。很多時候，我們會在無意實際處理 email 的情況下查看收件匣。請務必提醒自己，每回查看郵件，你都會消耗掉一些能量點數，而且給了自己一心多用的機會。

我在輔導課程中發現，要求人們每天只檢查 email 兩、三次是不切實際的做法。多數人出於工作需要，必須頻繁查看收件匣，以便迅速回應。相反地，你可以切實養成一天關閉 email 程式一、兩次的習慣，以完成不涉及 email 溝通的工作。這個簡單的習慣可為日常工作效率帶來巨大的改變。理想的做法是於威力時刻關掉 email 軟體，在最有可能不受干擾的情況下做好事情。

單工任務比多工處理好得多

在生產力領域，人們曾經廣泛地相信多工處理（multitasking）大有可為，然而後來被證明多工處理的做法成效不彰。許多生產力工具原本是設計來幫助我們同時做許多事情，而現今生產力工具的要旨已轉向單工任務（monotasking），找方法來屏除干擾、一次只專注於一件事情。請嘗試以下活動：

1. 取出一張紙、一枝筆和一個計時器。
2. 依序寫出以下內容並進行計時：

MULTITASKING

1 2 3 4 5 6 7 8 9 10

3. 把紙張**翻面**（這樣你就不會只是抄寫）。
4. 改以 M、1、U、2……的順序分行寫出與上方相同的文字和數字，同樣進行計時。
5. 記下兩者所需時間。

在大型團體中進行這項活動時，我會要求大家於完成後舉手，並在最後一個人舉手時停止計時。平均來說，群體完成步驟四所需時間比完成步驟二所需時間**多出一倍以上**，但是翻看紙張的兩面，人們寫出的內容**完全相同**。我們可以從這個非科學性質的試驗推斷，當我們在兩種活動之間不斷切換，可能耗用掉兩倍以上的時間。需要額外時間的原因在於，大腦重新定位比較耗時，而且我們每次轉換活動（從字母到數字，再從數字到字母）都會消耗較多精力。交替著做事其實也是相同的道理。好的，處理文件，好的，email，好的，文件，好的，即時訊息，好的，文件，好的，手機簡訊。這麼做實際上是花費**超過兩倍的時間**來產出相同的結果，還可能做得更糟且耗費更多精力。

▲

一次同時進行多種任務，

無疑是糟糕的方法。

　　多工處理適合這樣的時機和場合：表現好壞都無妨的不動腦活動，可採行多工處理。例如，你可以一邊洗碗，一邊聽播客節目；或者在散步時接聽電話；甚至**可以**在不需要你投入的會議中撥打電話及查看 email——但是請參考第十三課內容，好領會為何你理應在第一時間拒絕參加那樣的會議、僅須在會後閱讀相關紀錄！訓練自己保持專注是最有效的第一步，我們稍後會深入探討冥想等工具，能使你更輕而易舉、自然而然地專注。請記住，每回只專注於一項任務、設想如何做好並盡可能少花時間：**一次只進行一項要務。**

　　我們已經明白，心無旁騖地工作的主要關鍵在於準備（經由扮演好自己的助手、為未來的自己理出時間和空間）和單工任務。弔詭的是，當今職場中最大的干擾來源正是有助於高效完成工作的電腦和智慧型手機。這兩種工具在一個或兩個世代之前甚至都還不存在，現今我們得學習新法則以駕馭這兩種工具。來自各種平台的 email、簡訊、聊天內容和訊息等形成一場永無止境的海嘯，這當中有我們珍視的資訊，也有使人分心的雜訊。email 是其中一股重要的資訊流，我們會在下一課探討。

上線時間課後小練習

- 擔任自己的助手、營造出零干擾的工作環境。預先排除可能打擾你的事情。讓自己進入專注的狀態。
- 每天關閉 email ／即時通訊 app 幾次，好體驗與外界隔絕和全神貫注的感覺，尤其在你的威力時刻這麼做。
- 明白多工處理會浪費時間。你可以做多工處理練習並進行計時，然後用數據證明其成效不彰。
- 倘若你關切某項任務的成果，應該就只專注於這項任務。

▲

第16課

對email駕輕就熟：洗衣法

　　當我開始與客戶合作時，幾乎總是透過 email 來進行。這是因為它對多數人來說具有個人性質。然而，email 有可能成為工作焦慮的起點，有時甚至是最大的痛點。許多人（包括他們的床邊伴侶！）早上醒來後第一件事和睡前最後一件事都是查看 email。人們會在夜裡醒來並思忖：我是不是忘了回覆 email ？當它出現在你的收件匣後，便在你的腦海中揮之不去。

　　對大部分人來說，email 最初是一種很方便的非同步通訊方法，但如今已成為最耗費時間且最令人心神不寧的事。因為他人會透過 email 把任務添加到我們的待辦事項清單。隨著我們日益轉向遠距工作環境，郵件數量急遽增加。軟體公司 HubSpot 的數據顯示，自從新冠肺炎全球大流行牽動遠距辦公變局以來，email 的數量爆增了四四％。

電子郵件是一種有效且必要的溝通工具。如果我在自己的威力時刻專注於某件事情，而你正於不同的時區熟睡，我們仍然可以透過email 有效地協作、為專案創造成果。email 具有記錄的功能，並可兼顧其他人加入專案或分攤工作的需求。儘管共同編輯文件和即時通訊也可滿足某些需求，但 email 在典型的工作流程中仍有重要且不可或缺的地位。

研究顯示，人們在工作日大約每小時查看 email 十一次，而且多數時候並沒有實質處理，就只是檢視收件匣而已！我在第三章中鼓勵大家每天關閉 email 信箱一或兩次，也在第十四課裡強調了自訂通知功能以減少干擾的重要性。最關鍵的是，當我們檢查 email 時，得確保自己**充分**利用這些時間。有時，我們隨機打開未讀的 email、啟動待完成的任務、尋找新訊息、草擬回覆函，卻沒有真正完成事情。我們應該改變，善用時間**把 email 處理好**。

你可以運用我發展的三個步驟來改變自己與 email 的關係。有成千上萬谷歌員工參與過我的 email 培訓課程，而且它一直是公司評價最高的職業訓練之一。關於這個培訓課程，我常收到這樣的郵件：「哇，你幫我節省了三成的收件時間！」「我感覺好多了。」、「我對 email 已全然得心應手。」「團隊注意到我接受這項培訓後在工作上更加敏捷且能駕輕就熟。」或者「我睡得更好，因為確知自己不會遺漏任何重要 email ！」

清理收件匣的三個步驟

你理應採行以下三個步驟來清理 email 收件匣。光是做好第一步驟就足以讓你感到有所收穫。如果你進一步採取第二步驟，將會有更出色的成效。倘若你完成第三步驟，將能對 email 全然應付自如（這會是一種絕妙的感受！）。

1. 移除沒必要看到的 email。 人們常會把未讀郵件的數量當成是一種榮譽的象徵。例如，我有八百九十封未讀郵件，或者我的收件匣裡有數千封 email ！這通常告訴我兩件事：①你漏掉了八百九十封直接發給你的郵件，這意味著你的許多同事將感到沮喪；或者②你收到了很多實際上不須出現在你的收件匣的 email。而通常的情況是後者。你收件匣中不打開的郵件就像你衣櫃裡不穿的衣服一樣。擁有八百九十件因不合身或已退流行而不穿的襯衫並沒什麼了不起，只會讓你在決定穿什麼衣服時壓力更大。即使這些衣服永遠不會離開衣架，你的注意力仍會被吸引到這些衣服上。與此類似，收件匣中即使是你不會打開的每一封郵件都會消耗你的專注力。一旦 email 出現在你的收件匣裡，無論你是否點開，那**粗體字**會讓你的大腦誤以為必須要處理些什麼。

進到你的收件匣的每封 email
都會分散掉你的一小部分注意力和精力，
即使你始終沒有打開 email。

　　第一步驟的目標是從收件匣中清理掉盡可能多的不需要的email。你可以在 email 程式中開創郵件篩選器或規則，使不需要的郵件**永遠不會進入收件匣**。有看清你如何被粗體字句吸引嗎？這也適用於你不須在意的收件匣裡**未讀**郵件的主旨欄。對許多人來說，那些未讀的郵件通常來自無意間訂閱的電子報或即時新聞通知。處理它們的一個快速方法是在收件匣中搜尋「**取消訂閱**」或「**在瀏覽器中查看**」等關鍵字。這些關鍵字通常出現在來自郵寄清單而不是直接發送給你的郵件之中。你可以使用這些搜尋關鍵字來制定 email 規則或過濾器，使不需要的郵件不會進入你的收件匣，或是一旦發現這類email，便按照其相關指示來取消訂閱。

　　設定計時器為三十分鐘，看看你能清除多少不應出現在收件匣的email，並將它當成遊戲。找出每一封不該花時間看的郵件，並找出一種方法來防止這再次發生：創建郵件過濾器、封鎖寄件人、取消訂閱或將其標記為垃圾郵件。這種清理類似丟棄那些你不再穿的衣服。在投注了時間之後，你查看 email 時將只看到自己需要的內容，這會讓你感到心滿意足。

　　2. 凸顯出確實必須看到的郵件。假如公司執行長直接寄 email 給你，其呈現方式應與執行長廣發給全公司成員的郵件截然不同。教授直接寄給你的 email 顯現的方式也應和她寄給全班學生的有所區別。小孩的校長給你的 email 亦應與學校每週電子報判然有別。當你開很多會或經常出差而主要使用手機查看 email，應當理清什麼 email 須立即打開，哪些可以稍後再處理。要讓未來的自己打開 email 前就掌握

許多關於郵件內容的資訊，那樣一來，查看收件匣就能迅速找出重要郵件並可節省精力。為 email 創建諸如 **VIP** 或 **緊急通知**等標籤，然後以過濾器或規則來自動應用各項標籤。在 Gmail 中，我們可借助過濾器規則來自動**添加標籤**到郵件。假如 email 來自我的最大銷售客戶（*@clientdomain.com），它會被亮色的大寫標籤標示出來。（郵件仍進到我的收件匣，只是它的顏色與其他郵件不一樣。）讓你的 email 程式自動標記必須優先處理的郵件，這樣你打開任何 email 之前只須快速瀏覽，就可以了解收件匣裡有無重要 email。創建一些這樣的規則可讓未來的你永遠不致錯過重要的 email。視覺提示功能可在你閱讀主旨欄之前安排好部分 email 的優先順序。

3. 像整理待洗衣物那樣分類你的 email。讓我們暫時擱下郵件，談談多數人更了解的事情——洗衣服。假如我要求你用以下方式烘乾衣服，你會怎麼想？

- 打開烘乾機的門並取出一件襯衫。
- 把那件襯衫摺好，然後走上樓把它放進衣櫃裡，接著下樓走到烘衣機前。
- 找出另一件襯衫並摺好它，上樓把它放入衣櫥中，然後下樓走回烘乾機前。
- 拿出一條褲子，但它還濕濕的，那就把它扔回烘衣機中那堆衣服裡。
- 你找到一隻襪子，但不想找出另一隻襪子，於是拿著一隻襪子

上樓，把它放到襪子抽屜裡，然後再走下樓。

- 你取出一條褲子——哦，等一下，這是你已碰過的那條還濕濕的褲子，所以再次把它放回去。

- 你並不真的想把烘乾機完全清空，而且又把後來洗好的衣物放進來，然後不斷重複做著相同的事情。

- 每次你需要一件特定的衣物就會感到恐慌，因為你不知道它是否在烘乾機裡，或者是忘了洗，或實際上已經洗好而且收起來了。

- 你讓烘乾機的門整天開著，這樣你就可以看到裡面的衣服，藉此提醒自己還沒有完成整個洗衣流程。

這樣做事多沒效率啊，想一想這浪費掉多少精力點數！這無疑是一種糟透了而且讓人倍感壓力的洗衣方式。然而，許多人正是用同樣的方式處理電子郵件。**把 email 標記為未讀**（將濕衣服扔到一堆乾衣服裡）。**收件匣未歸零**（烘乾機從未清空）。**一天查看 email 至少十五次，卻不清理收件匣**（一天裡反覆看著滿滿的烘乾機，提醒自己裡面有一大堆沒處理的混亂衣物）。他們在半夜醒來，不確定自己是否已經回覆郵件，或者不清楚有沒有錯過重要 email（正如疑惑那件粉紅色的襯衫在哪裡？）。那麼，洗衣服的比喻能夠給予我們什麼關於管理 email 的啟發呢？

- 我們決心**處理好 email**，並且特地撥出時間，而不是像上述**處理衣物**方式那樣不停地東翻西找。

- 我們在撥出的時間內全面清理收件匣裡所有郵件，直到完成為止，就像把烘乾機清空一樣。
- 我們運用**回覆／閱覽／重新檢視**等標籤來把 email 分門別類。就像是區分出須**摺疊／掛好／配對的襪子**。
- 我們一次處理好歸於同一類的事情：**摺好所有衣服／讀完所有郵件**，並且善加利用批次作業的益處。
- 我們**最多**會碰到 email ／衣物兩次（第一次將其分類，第二次則回覆郵件／疊衣服）。我們在每件 email 耗費的精力理應降到最低。
- 我們將分類／閱覽／回覆郵件視為不同的活動，並且不要混雜在一起（不要只摺好一件襯衫，就去掛一件連衣裙，然後去找出成對的襪子）。
- 即使沒有時間回覆所有的 email（掛好所有的衣物），我們還是處理了部分郵件（掛好了一些衣服），而且假如我們找不到來自老闆的那封 email（綠色的襯衫），我們確知它在哪裡，並且清楚它已被點開一次。

這如何呈現於 email 收件匣？

使用主收件匣來收取所有 email，並運用標籤或資料夾將郵件分門別類。**永遠不要把新寄來的未讀 email 和已讀但仍須採取行動的郵件放在同一個地方**。那麼做正如把須摺好的乾褲子和濕襪子全留在烘乾機裡一樣令人困惑！而擁有多部烘乾機也同樣令人費解。某些人

有一個內部 email 收件匣，另有一個外部 email 收件匣，還有其他接收不同 email 的收件匣。然而，一項科學驗證的生產力原則指出，**必須檢查的地方愈多，過程愈令人惴惴不安**。如果你家外頭有九個郵箱——其中一個用來收帳單，一個讓人塞廣告，一個收私人卡片，另外六個用於其他類別郵件——每天走到各郵箱取件將很耗時費事。只使用一個郵箱並且每天整理、清空要容易得多，因此我不建議你以不同的收件匣收 email。在 Gmail 中，你能夠運用標籤，以便在主收件匣頁面同時看到多個收件匣。而在其他 email 程式中，你則可以增添資料夾。我們依據須對 email 採取的行動來創建四種基本標籤：

1. **回覆：**必須回應及投注時間完成所交付任務的 email。

    例如：老闆要求你對一個重要專案提出現狀更新報告。

2. **閱覽：**只須閱讀無須回覆的郵件。

    例如：產業時事通訊、供參 email、有意思的個案研究。

3. **重新檢視：**無法立即回覆的 email，因為須等候特定時間來提出報告，或者你正等待其他人的回應。耐心靜待結果或進行後續追蹤，但這不屬於你的待辦事項清單。

    例如：你應給客戶一個答案，但首先你必須讓菲利浦批准合約。如果菲利浦沒有回你，就要重新檢視你和他的 email。

4. **放鬆：**表示你已經完成它了！此為所有已處理好的 email 歸屬之處。這意味著行動項目已執行完畢，而且已經存檔（稍後可以搜尋）、放進某個參考資料夾，或者已被刪除。

    例如：團隊成員向你報告任務或專案大功告成。

回覆	閱覽	重新檢視	放鬆！
收件人：你 寄件人：部門經理 主旨：關於簡報 嗨， 今天的簡報很出色！你能根據我們談過的內容進行修改並盡快回覆我嗎？ 謝謝！ 蘭尼希亞	收件人：你 寄件人：晨間新聞 主旨：頭條新聞 公司的最新消息 很酷的內幕消息	收件人：你 寄件人：菲利浦 主旨：憑證批可 嗨， 我期望申請批准的行動裝置憑證可在下週前通過。請密切關注！ 菲利浦	收件人：你 寄件人：團隊夥伴 主旨：做得好！ 完成專案真是暢快。你是傑出的工作夥伴 —— 再次感謝你！

日常 email 工作流程

　　為了轉換到我提出的這個系統，你必須進行一次性的設定，把 email 收件匣裡任何有效的郵件用**回覆、閱覽**或**重新檢視**標籤加以分類，然後把其餘的 email 歸檔或將其刪除。**如果郵件不需要這些操作，那麼就不須留在你的收件匣中**（稍後會有更多關於 email 歸檔的討論）。比起一次性轉換到這個 email 工作流程，更重要的是了解如何每天善用。你要把**分類、回覆、閱覽、重新檢視**郵件視為分別的活動，就如同分類待洗衣物、摺衣服、掛好衣服、找出成對的襪子是不同的活動一般。這些事情千萬不要混著一起做。

　　每天選好一個時段（我發現早上最適合）整理你的收件匣，並且明快地將新郵件區分為四大類。在 Gmail 中，你可以善用自動打

開下一封 email 等功能以及鍵盤快速鍵來快速完成此事。你應當把這個部分視為**僅是**整理郵件，並且只回覆那些處理時間不超過三分鐘的 email。請在逐時計畫中為此預留時間。把郵件分成四大類並清空收件匣的動作，就是我所說的**收件匣歸零**（或者說**烘乾機淨空**）。每件 email 都被取出並且分門別類。你現在已經為未來的自己做好了準備，**確定**了必須對個別郵件做什麼。如果你開啟一件 email 並將其標記為未讀，這就像是把一條濕褲子扔回到一堆乾衣服裡，實際上會讓未來的自己大感沮喪，因為你後續必須再次打開並決定如何處理那個郵件——這是在浪費自己的精力點數。*等一等，我開啟過這封 email 嗎？我回了嗎？我應該再對它做什麼？*這些疑問正是人們處理好一個郵件前可能點開它五、六次的原因。

　　當你的**收件匣 email 數量歸零**後，當天就要找到或安排時間來確認要怎麼處理四大類郵件。首先處理完必須**回覆**的 email ！接著**只讀取**僅須閱覽的郵件。當你查看主收件匣時，它應當只包含你上回整理過後寄來的新 email ；你一天中可再進行兩到四次新郵件分類，以保持**收件匣 email 數量為零**。

　　做好郵件分類以利運用絕佳的**批次作業**方法。這樣做能夠提高效率，而且整體上可以節省精力點數，因為你把類似的動作一次做完。當你接連摺好五件襯衫後，將更能駕輕就熟，因為已進入得心應手的狀態。回覆或是閱覽五件 email 之後也是如此。將類似的事集中在一起做，而不要整天零零星星地做各種事，這可使你進入做事的「狀態」，從而提升成效。

　　你也應思考如何使郵件分類與自己的精力程度相匹配。假如我在

自己的威力時刻擁有不被打斷的一個小時，而且確確實實想要深思熟慮地回 email，那麼這是一個專門處理須**回覆**郵件的適切時機。倘若我有兩場會議，中間只有十五分鐘的休息時間，可能無法處理必須**回覆**的 email，但這是一個查看只須**閱覽**的郵件及快速瀏覽業界新聞的絕佳時機。我們也可在一天或一週結束、關閉筆電前，適時明快地再次審閱等待**重新檢視**的郵件。

　　當你處理好 email，就把它從所屬分類籃裡取出，將它歸檔或刪除。這樣一來，須採行下一步行動的 email 將是你唯一會看到、也是唯一應持續追蹤中的郵件。（請參閱下方的逐小時計畫範例，當中規畫了四類 email 的處理時段。）

8:30 am	沖好咖啡、坐下、用鍵盤快速鍵分類 email 並清空收件匣
9:00	打開有 回覆標籤 的郵件並持續不斷地處理好這類 email
10:30	會議
11:00	會議
11:45	再度用鍵盤快速鍵分類郵件、使收件匣歸零
12:00 pm	午餐
1:00	處理完有 回覆標籤 的 email，然後進行與郵件無關的工作
1:30	會議
2:00	開啟並讀取有 閱覽標籤 的 email
2:30	會議
4:00	打開有 重新閱覽標籤 的郵件並進行後續追蹤 在下班回家前再度分類 email、使收件匣歸零

這個系統能幫你一貫性地駕馭及維護川流不息的 email，最重要的是你可以信賴這個系統。當你想找出下週前必須回覆的來自老闆的那封郵件時，這個系統可確保你的頭腦清晰、確知它在哪裡。擁有裝滿已經觸及但是尚未處理完成的 email 分類籃，你會更有自信。如果郵件分類籃被塞滿，你將知道該騰出額外的時間來處理。這個系統讓你完全掌控並改變你與 email 收件匣的關係。它是你通往高效之路的要道。

行動的場合

多數人想知道，管理收件匣的方法如何與管理所有待辦事項的「清單漏斗」相輔相成。如果接獲的 email 指示你**做**某件事情，究竟應把它放到**回覆**類資料夾，還是首要清單之中？這很大程度上取決於你的角色或工作流程，但大多數人同時執行著首要清單和**回覆**類資料夾裡的任務。我的黃金法則是思考，要成功處理好事情，我應於何處完成它？如果我必須做的是回信，便把郵件放到**回覆**資料夾中，好提醒自己。然而，倘若 email 告訴我，請創建新的簡報並與你的同事分享，那麼我該把它加進首要清單上（或者，假如是當週須完成的事，就加進我的一週清單裡，而如果當天須做好，則加到一日清單上）。有些人鮮少從 email 收到行動指示，那麼把它們全都放到首要清單上是合理的做法。某些人的工作**主要**是回覆 email，因此只運用郵件資料夾做事，而不需要其他清單。有些團隊首要的溝通方式是群聊，在這種情況下，其成員會從即時通訊 app 中把要做的事拉出來，放進首

要清單。無論哪種方式最適合，我們應該在每日的每小時計畫中為處理各郵件分類籃安排一個時段（**閱覽、審查**和**回覆**標籤）。別陷入常見的陷阱、從不有意識地騰出處理 email 的時間，而期望從諸多事務之間擠出時間。我們每天至少要有時間把收件匣清理一次。

與其靠資料夾，不如善用搜尋功能

另一種節省時間的方法是，不再把每件完成的 email 歸檔到資料夾裡或標籤底下。我的多數客戶都曾將所有或眾多已結案 email 歸入資料夾。這是司空見慣的做法，因為我們往日就習於用實體檔案資料夾來歸檔文件。我們過去都**無法**輕易地從四千五百張紙本文件裡找出有特定字詞的那張，因而一定要有歸檔系統。然而，如今我們**可以輕鬆**地從四千五百封 email 裡搜尋出特定關鍵字，所以將所有郵件分類並歸檔到資料夾中的做法已不合時宜。實際上，把某個郵件分類到資料夾裡然後找到它，會比在需要時直接搜索它更費力。IBM 公司的一項研究顯示，相較於將所有 email 歸檔以便稍後從資料夾中找出來，搜尋大批郵件獲取所需內容實質上可以節省五四％的時間。

與其把處理好的 email 歸檔到資料夾，不如將往後可能需要的任何郵件儲存到**一個**大型的存放空間；Gmail 就有一個放置**所有郵件**的空間。然後，你應當熟悉 email 程式的搜尋功能。例如，你可以在 Gmail 裡確切地搜尋出兩個特定日期之間、來自某特定人士、包含或不包含某些字句的郵件，甚至可以找出特定大小的附加檔案。把 email 歸檔到資料夾的成效有限。與其開設資料夾存放「老闆發送

的 email」或「孩子學校的郵件」，不如思考「新的提案點子」或是「想要嘗試的食譜」。假若你是主管，可能會為團隊個別成員建立資料夾，以放入有助於進行績效評估的 email。那麼你應針對**不易搜尋且將在某個時間點參考的 email** 創建標籤／資料夾，以備在做年度績效評估時派上用場！

回覆 email 要有重點

我偏好發送自己希望**收到**的那種電子郵件。我喜愛精簡、友善、直截了當、有條有理、開頭就清楚地陳述要求（也許於信尾再次總結），甚或明訂任務完成期限的 email。如果你收到一件連結到一份清單的 email，而那個清單實則可以放在郵件內容裡，請記住你會感到困擾的那種感覺，並且在自己撰寫 email 時把清單放在郵件內容裡，而不是提供一個連結！撰寫 email 時可使用 Duet AI 這類工具來幫你起頭。要求你想要的內容，然後反覆進行修改。

回覆電子郵件不要拖過二十四小時，
但不須在二十四小時內完成所有 email。

沒有人樂意與不回 email 的人合作。而且 email 溝通沒效率的問題來自於，必須回去查看先前的郵件，或是因為沒得到對方回應而一再追問。如果你不回 email，通常肯定會再收到另一封郵件（這將耗

費更多精力點數！）。正如我們在第十一課中談到的，壓力會日積月累。追加的 email 後頭還會有即時訊息提醒你留意。我們應當及時**回覆**郵件，以避免這種情況。**回應**並不是指完成你被要求的行動！而是確認你已經收到 email，以及告知你打算如何處理，或何時能完成任務。可行的回覆方式包括：

嗨！我收到了你的請求，將在這週思考一下，然後於下週告知結果。

感謝你的電子郵件，我已排定下週二處理這件事，預計下週三向你回報。

嗨！我正密切關注此事，但不確定何時能著手處理，如果你在下個月還沒收到我的消息，請隨時再聯繫我。

明快地用這種方式回應就可以避免對方疑惑：這個人看到我的電子郵件了嗎？他忘記了嗎？我應當透過另一個平台再次發送訊息嗎？當你著手處理被託付的事情時，也應以最佳方式回報進度。

嗨！在開始做這件事之前，我必須先獲得批准，請持續關注後續進展！

嗨！我沒忘記這件事！正在進行中！

　　大家都想確認對方收到了 email、正在處理，以及什麼時候會有答案或何時能夠交付成果。人們總是想**被聽到**。迅速回應 email 並先發制人地報告進度，可使你取得「主控權」。無論是在私人或工作溝通上，每個人都樂意與這樣處理 email 的人合作。你回應或不回應郵件的方式，可能左右人們對你的看法。沒有人喜歡和不回覆 email 的人合作。我們理應主控電子郵件，為自己建立「**反應敏捷的好名聲**」。

　　掌控 email、會議、時間、令人分心的事物以及前幾課討論過的其他一切，是增進生產力的重要元素。將這些工具和技巧融入工作之中，我們不僅將發現自己的生產效能突飛猛進、不再那麼焦慮不安，而且還能享有延伸到工作場所之外的好處。這就是本書最後的部分將探討的課題。

上線時間課後小練習

- 運用過濾器和規則，使 email 收件匣只出現你一定得看到的郵件。

- 凸顯出你必須留意的來自老闆、重要客戶或重大 email 列表的郵件。

- 為你的 email 創建三個分類籃（回覆／閱覽／重新檢視），並將郵件從主收件匣移到這些分類籃，以落實收件匣歸零。每天查看分類籃，處理 email，並確保自己在行事曆上為此安排時間。

- 學會善用 email 程式的搜尋功能，這勝過將郵件歸檔到資料夾中。

- 撰寫簡明扼要的 email，並用 AI 幫助你起頭。

- 明快地回覆，好讓寄件者知道你已收到郵件、計畫如何及何時著手任務。

第 5 部

兼顧生活品質與
工作的方法

▲

第 **17** 課

循著「一旦：接著」的思路
建立日常慣例

　　我從領導生產力工作坊、輔導高階主管和善盡親職的經驗中學到了一件事，那就是**人都喜歡按照慣例來**。無論是傳統的年度假日、每月電影之夜、每週最愛的餐飲，或是簡單的睡前儀式，日常慣例為我們的生活創造節奏，而且我們可以善加利用這種節奏。

　　杜克大學（Duke University）二〇〇六年的一項研究發現，我們的日常行為大約有四五％屬於習慣。儘管當今有一股養成或終止一些**習慣**（不假思索地做事）的巨大潮流，但我更喜好專注於打造**日常慣例**（自然而然的下一步行動）。習慣需要動機，而日常慣例則隨著我們的意向順其自然。

　　正如我在第三課提到的，告訴自己「必須每晚做晚餐」來開始一週的生活，會讓你感到不知所措、不確定自己該從何處著手。然而，如果依循主題來思考──週一吃素、週二義大利麵、週三湯品、

週四新食譜、週五叫外賣——突然間，準備晚餐不再那麼令人望而生畏。藉由縮小活動範圍，我有了一些清晰的條理來幫助自己決定該做什麼。而且我仍然保有創造的自由，或許我可以在「義大利麵之夜」做一道拉麵，並把兩者調和在一起。我也不必一直堅持這個常規——也許某個星期三我不想煮飯，於是訂外送餐。也有可能我在某一週超忙，沒有精力在週四嘗試新食譜。但正如書中一再提到的，不論這個日程表執行得嚴不嚴格，都有助於使我每週煮晚餐的過程更加順遂。

　　思考一下各種日常慣例如何對自己的工作和生活有所助益。為你的日子設定一些主題。為每週和每日的時程安排開創自然而然的流程。當你有想要安插進日程表中的事——比如學鋼琴——不要指望自己能找到一個著手的好時機和實踐的方法，而是建立一個日常慣例來幫自己輕鬆做到。

確保持之以恆

生產力的最大障礙是把事情列入待辦清單中，

卻沒想好何時做到這件事。

　　要促成任何新的行為，必須創造契機以**觸發**實際作為，否則將永遠只是我們「有意做的事」。我們要依循著「**一旦：接著**」（when:then）的思路建立日常慣例。

　　我彈鋼琴已有二十年，並且有一個持續學習新樂曲的目標。如果我報名上課，便須依排定的時間到課，並且確保自己堅持彈下去。但我已上過十多年鋼琴課，其實不需要新的指導──我可以輕鬆自學新曲目！我只是需要時間和推力來彈琴。對許多人來說，**總有一天落實目標**的想法從未成真，最終變成了**我真的很想做**或者**我一直想要做**。很多時候，宏大的目標、有創意的專案和自我照顧會淪為我們**有意要做的事情**。這些都是很重要的事，我們必須為其創造一個**時機**，尤其是在它們一直列在於首要清單的情況下。

　　我知道晚間是自己練琴的最佳時段，因為孩子們在那時都已入睡、不需要我照看（我的鋼琴可以便利地接上耳機）。所以接下來我必須找到提醒自己練習新曲目的「時機」。我決定每晚敦促孩子們上床睡覺、最後離開女兒的房間時直接走到鋼琴前。我從**最簡單**的方式著手，使自己覺得這是不難堅持到底的事情。我的唯一目標是從女兒的房間走到鋼琴椅並且坐下。

　　起初，我只是直接走過去，彈奏一首我已經熟知的曲子，然後離開。有時候我只待上五分鐘或更短的時間。但我不許自己下樓查看可以清理什麼東西，或是看個電視。這很快就成了習以為常的事。我扮演自己的助手，早上就擺好新的樂譜，期許這會促使未來的我（當晚）學彈新曲。只要看到新的樂譜，我就會坐下來練習幾個小節。有些晚上我會感到無聊，於是練十分鐘就收手。而有些晚上，當我抬頭看時才察覺自己已經彈了一個小時。我的丈夫開始意識到我每晚都會練琴，而且練完之前不會陪他一起看節目或玩桌遊，所以他在孩子們就寢後立刻開始做自己的事情。於是這實際成為我的一項日常慣例、

每日生活節奏的一部分。

　　二〇〇九年發表於《歐洲個人心理學期刊》（*European Journal of Personal Psychology*）的一項研究結果顯示，新行為變成自動化行為的平均時間是六十六天。但你可能會像我一樣發現，如果形成一個堅實的「**一旦：接著**」思考模式，一切將會發生得更快。我的新日常慣例每晚都有相同的觸發點（孩子就寢時間）。而你可以就任何想完成的事進行這種「**一旦：接著**」練習。你可以把一週中某一天視為落實某件事（比如說「週日自我照顧」）的時機。保持足夠的彈性空間可以減輕壓力，這使你能夠靈活地從事一些簡單的活動（例如在星期天做美甲或悠閒泡個澡），或是做一些更大的事（星期天做 SPA）。在學琴的例子中，我從彈奏已知和喜愛的曲目著手，最終學會彈奏全新的樂曲。如果一開始就學習彈奏新曲，我將會止步不前。

　　除了以特定日子作為**時機**，你也可以選擇一個特定的時段、行動或觸發因素來建立日常慣例。以下是我循著「**一旦：接著**」思路建立的若干日常慣例，它們或許能對你有所啟發：

- 一旦召開每月團隊會議：**接著**我就於會後花三十分鐘把筆記放入持續事項所屬資料夾（那裡有我每個月想要進行的事項）。
- 一旦每月初一來臨：**接著**我就讓狗狗吃心絲蟲預防藥。
- 一旦到了週一：**接著**我就幫每位家人洗衣服、把洗好的衣物放到自己的床上，這樣晚上就寢前我必定會收拾好。
- 一旦每月第二個星期六到來：**接著**我就和先生約會。
- 一旦去到雜貨店：**接著**我就把回收物品放到隔壁的回收中心。

- 一旦週三夜晚降臨：**接著**我就觀賞 CBS 的實境秀《倖存者》（*Survivor*）和做美甲。

- 一旦到了發送每週更新報告給老闆的時候：**接著**我就快速查看「重新檢視」資料夾裡的 email，好了解當週有沒有遺漏任何事情。

- 一旦五分鐘後晚餐就可上桌：**接著**我就設定五分鐘倒數計時，讓孩子們在用餐前收拾好玩具和書籍。

- 一旦女兒週四午睡醒來：**接著**我就讓她用手工藝材料做一些有創意或藝術性的物品。

- 一旦週五晚上到來：**接著**我們全家就一起吃披薩、玩桌遊或看電影。

- 一旦晚上刷好牙：**接著**我就做任何想要每天進行的事情，比如服用維他命或複查每日應確認的事。

- 一旦週二來臨：**接著**我就和家人響應從晚餐到就寢無科技產品活動（我將在第十八課進一步探討無科技日相關課題）。

- 一旦七月四日或新年到來：**接著**我就做任何想要每半年進行一次的事情，比如更換屋內各式過濾器、換新睫毛膏、清洗沙發靠墊，以及其他一大堆事。（我有一個大型的半年清單。）

- 一旦到了我生日那一週：**接著**我就安排必要的年度眼科檢查或全身健檢。

　　當你為日常慣例預留了確切的時間和空間，將能夠使許多事情不再時時盤據你的腦海。我可能為了戶外沙發靠墊必須清洗的事情心

煩，然而當我設定好每六個月清理一次，而且相信這套方法可行，我將會用最少的精力、每年處理這件事兩次。我不會自問，上次是在什麼時候做眼科檢查？我確知是去年十二月，因為我總是在生日那週檢查眼睛。這些日常慣例和節奏將產生效用，讓生活更輕鬆自在、怡然自得。

用聯想幫助記憶

你也可以運用一旦：接著的聯想方式來輔助記憶。假設我在出門旅行前一晚躺在床上時，想起自己有些東西忘記打包。我想像自己在做一些我早上會做的事情，然後想像那個版本的「未來的我」記住我需要什麼東西。我預想自己早上起來後，**一旦從掛鉤上拿取鑰匙，接著就會想起我需要手機充電器**，並且在腦海裡反覆地如此想像了至少三次。到了第二天早上，當我去拿鑰匙時，前晚的這個聯想將有效地使手機充電器浮現在我的腦海中。將某個事物聯繫到另一事物上，可以確保它不會被我們遺忘。我想出了這個方法來幫自己於無法取用採集清單時記住事情。如今我幾乎每天運用這個方法，也教其他人用。

此外，我們也可以在決定東西擺放的地方時運用一旦：接著聯想法。假設你不確定該把膠帶放在哪裡，可以想像一下，一旦膠帶不見了，接著你首先會去什麼地方尋找，而你第一個想到的地方即是你應當放置膠帶之處。再想像一下你的室友說，嘿，我找不到膠帶，你知道它在哪裡嗎？你首先會想要到哪個地方找找看呢？那裡便是你應該放膠帶的地方！你先問自己何時會用到膠帶，再檢視你腦內已經建

立的連結，然後把膠帶放在最自然連結得上的位置。

善用自然而然的起點

　　除了將每日、每週、每月、每年發生的事情分門別類以便於管理生活之外，你還可以善加利用各個新的起始點。丹尼爾‧品克（Daniel Pink）在《什麼時候是好時候：掌握完美時機的科學祕密》（*When: The Scientific Secrets of Perfect Timing*）一書中探討了如何善用時間里程碑的力量來避免啟動新開端時犯下錯誤。時間里程碑涵蓋每週和每月的第一天、新工作的首日，以及新年元旦，等等。既然我們的大腦被設定為將這些時日視為新的開始，就該善用這個有利的條件。倘若你在週一而不是於週四或週五開始一項日常慣例，將更有可能堅持完成。

　　運用一旦：**接著**模式建立日常慣例，有助於免去甚至還沒執行任務就先感到壓力和焦慮。能幫我們找到實質的時間和空間，來完成那些一直等著「有朝一日」去做的事情。當我們建立了更多的日常慣例和節奏時，分心的情況就會愈來愈少，我們就有更多的心理空間去做自己想做和必須做的事。然而，正如我們在第十六課所說，只要我們的世界裡有電腦和其他數位設備（而且始終會有），壓力和走神總是蠢蠢欲動。抽出一小段花在數位設備的時間，是我們可以為自己做的最健康的事，也是重新啟動上線時間的最佳方式。

上線時間課後小練習

- 找出一件你向來等待有朝一日完成卻始終忽略或拖延的事情。將它與同一時程表上的另一項活動聯繫起來，並為其建立一項日常慣例。

- 運用**一旦：接著**聯想法的力量去記住事情，並為每件事找到自然而然的起始點，從而激發行動。

- 從日曆中找出一些自然的新起點——比如一個月的第一天或你的生日——來著手建立新的日常慣例，會更有機會貫徹到底。

第 **18** 課

週二無科技產品日

　　你如果聽說過「錯失恐懼症」（FOMO），會知道它的意思是：唯恐錯過社群連結而感到焦慮不安。而近日愈來愈深得人心的概念是 JOMO：錯失的**喜悅**。這個想法是，當我們錯過了電子郵件、簡訊、播客節目，或是實在不想參與的專案，有時實際上可能會更加怡然自得。醫學博士克莉絲汀・富勒（Kristen Fuller, MD）在《今日心理學》（*Psychology Today*）網站的部落格文章指出，「錯失的喜悅讓我們能夠活在當下，這是找到幸福的祕訣。當你騰出大腦中那個充滿競爭和焦慮的空間時，會有更多的時間、能量和情感去掌控真正的優先事項。」

JOMO ＝錯失的喜悅

誠如本書所述，**安寧的心境會生出神奇的力量**。新的點子在此創生，各式想法在這裡重組，精力點數於此獲得，資訊在這裡被吸收和處理。然而，我們大部分的安靜時刻往往遭受各式嘈雜的 3C 裝置侵擾。數百年前的人們會騎馬完成長達一天的旅程，除了大自然的景色、野外的氣息和其他旅人的陪伴之外，沒有什麼可以分散他們的注意力。而如今，我們甚至無法在和朋友共享晚餐期間不去拿起手機。

我真心相信，想讓生活有明確的意向、更富生產力，必須從審視自己與科技的關係著手。你是否每天讓自己享有一小時的精神上的寧靜？是否依然在每個閒暇時刻快速瀏覽社群媒體或新聞？你每天是為了生活還是為了 email 而醒來？你是否於陪伴自己的孩子時在社群媒體觀看別人小孩的影片？科技無疑很有用處並且彌補了我們生活中許多空白，但重要的是領會如何讓它**為我們服務**，而不致對我們**造成不利**。

挑戰

我相信持之以恆的漸進式改變會很有成效，於是我和先生在新年伊始展開了一項小小的實踐：每週一次於晚餐後到就寢前不使用任何科技裝置。我們啟動了「週二無科技產品之夜」，在這個夜晚我們從事無關科技的各式活動，例如玩棋盤遊戲、拼圖、走到戶外，或嘗試新的有創意的嗜好。

由於這類活動不需投入太多，好玩又能鬆弛身心，因此很容易堅持下去。我們一直這樣做，如今週二晚間已成為我們最喜愛的時刻。

科技對我們的工作很有幫助，讓我們與他人產生連結，並提供了完成更多事情的便利方式。然而，即使是能夠長時間運行的電腦，偶爾也須關機和重新啟動，這對於長期的高效運作很重要。我們的上線時間也是如此。每週一個晚上不使用科技裝置，可以重啟我們的大腦、讓我們擁有更多精力點數，並使我們準備好長遠地發揮高效生產力。經由每週享受一次錯失的喜悅，我們得以騰出空間來進行更多采多姿的面對面交流、更深刻的獨自省思，以及迎來更優質的睡眠和更清新的每一天。

　　我的成功的經驗使我想要在谷歌帶大家一起做類似的嘗試。為此，我採行了前幾課提出的一些建議。我明白，要啟動一場持續的運動，必須從以下事項著手：

- **一個小改變**：幾乎沒有人想要徹頭徹尾改變，比如把自己的智慧型手機換成翻蓋手機。我們最好循序漸進，專注於一個可管理且能達成的目標，例如關掉手機幾個小時。
- **循著「一旦：接著」的思路建立一個日常慣例**：週二無科技之夜比一週任選一晚不用科技裝置更吸引人，而且更能給出方向、節奏和條理。一旦週二來臨，接著我當晚就做一些無關科技的事情。我選擇星期二晚上，主要是因為科技和週二的英文字都是以 T 開頭！
- **一個自然而然的開端**：如果在七月中旬開始這項計畫，可能感覺是隨機進行，但在一年之初著手，則能讓人覺得更自然。人們在這時通常更有意願開展新事物和做出改變。因此我決定自

元旦起迎向這項挑戰。

這些想法促使我在谷歌啟動了年度的**週二無科技夜**（No-Tech Tuesday Night）挑戰：在一月和二月的每個週二，從晚餐到睡前不使用數位設備和螢幕。過去五年期間，每年有超過二千五百人接受這項挑戰，成果令人嘖嘖稱奇。

我獲得的所有回饋幾乎都指出，起初困難重重，但堅持到底十分值得。在過去五年裡，參與者給出了種種評論：

- 很難相信我拿起並查看手機的次數那麼少
- 對自己當晚似乎有更多時間覺得不可思議
- 晚上睡得更好
- 相較於使用科技產品，與眾人的連結更加豐富精采
- 由於團隊夥伴／經理／同事／友人的支持及參與而歡慶
- 發現自己隔天更加活力充沛
- 終於找到時間發展具有創造性的嗜好
- 領悟到，把須處理的問題暫時擱置一夜，實際上有助於翌日想出更好的解決方案
- 意識到家人，尤其是孩子都喜愛這個做法
- 打算長期實施，甚至於延長挑戰

我在每年的年終都會對接受挑戰的人們提出兩項重要的對／錯問題，以下是統計結果：

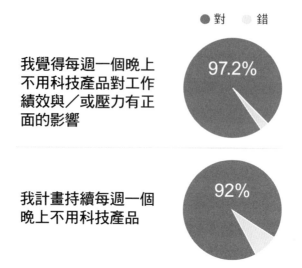

　　參與這項挑戰的同事回報說，他們的整體壓力、健康狀況和工作表現因此改善，且當中大多數人計畫持之以恆，這使我欣喜。但對此結果，我並不感到意外。從我發起這項挑戰以來，有些人已接連參與五年，而且他們每個星期二晚上都堅持到底。

　　儘管量化的回饋說明了很多事情，但質化的回饋說得更多。以下引述一些我最喜歡的回饋：

　　在進行了四週之後，我終於明白《小熊維尼》的作者所說的「無所事事往往帶來最好的事」是什麼意思。

　　我的睡眠品質改善了，還產生很出色的想法和靈感，這種感覺很棒。如今每週二是我最喜歡的日子！ :)

這個挑戰也提供了一個自我省思的機會。它使我意識到自己在數位裝置上花費了過多的時間，以及自己多麼容易陷入永無止境的滑手機、更新和查看各項通知的惡性循環之中。

當警示聲響起、無科技星期二之夜開始時，我正在處理一項工作上的難題。通常我會花幾個小時鑽研問題，但我選擇拔掉插頭。而在週三早上醒來後，我想出了最好的解決方案。我確信這是因為我讓大腦得以休養生息。

出乎意料的是，我的孩子們很喜歡這麼做。我意識到他們晚間耗在科技產品上主要是因為我在使用。於是我坐下來和十三的歲兒子玩拼圖，我們還進行了饒有意義的對話，如今這可能是很罕見的親子互動。

關於數位排毒的十個提示

或許你覺得整晚完全不使用科技產品未免節制過了頭，無所謂，你可以在一週或一天中建立一些小習慣，來感受那些更深層的連結和思路清晰的時刻。以下是我最喜愛的十項數位排毒建議：

1. **最好至少於睡前一小時把手機收起來。**設定鬧鐘提醒自己並養成這項習慣。
2. **不要把手機收在臥室裡。**倘若你必須在發生緊急狀況時聽到它

發出警示聲，就把音量調大。如果你不能把手機放在臥房的外面，至少把它放在房間的另一端，使自己須多費點力氣才能拿到。

3. **嘗試在早上拿起手機前先做一件事情。**泡杯咖啡、淋浴，或是著裝，然後再碰手機。

4. **找出暫時不把手機帶在身上的時段。**在你散步的時候、送孩子上床睡覺的時候，或者吃午飯的時候，暫時忘了手機吧。此時無論你能夠做什麼，都可以給大腦一個思路清晰的時刻，讓必須思考的事情有時間「滲入」你的大腦。

5. **擠出時間：**告訴自己在晚上使用科技產品**前**，必須先做某件事情十五分鐘。例如，要求自己在工作日晚上看電視前，先織毛衣十五分鐘。保持做事時間短暫，好讓自己覺得堅持下去並不難。

6. **將你的手機或電腦的背景圖片設定為中性**，例如選用草地的圖片或是純白色背景。為什麼？因為相較於可愛的狗狗照片給人的愉快感受，中性背景的手機會讓人覺得無聊。你還可以更進一步設定成灰階，這也能夠降低拿起它的誘惑。

7. 當你看電視或吃晚餐時，**和配偶／伴侶／室友交換手機。**你有沒有查看過別人的社群媒體或電子郵件？那超無聊的。

8. **刪除手機上的社群媒體和新聞 app**，只在電腦上看。讓它們稍微不那麼容易取用，可防止你習以為常地看。必須用滑鼠而不是以手指滑動，它們也會變得不那麼吸引人。或者，你也可以在行動裝置上設定可取用它們的時段，或是限制使用時間。

9. **交換法（currency method）**：每在戶外待上一分鐘，就可換到一分鐘的螢幕時間（我們的兒科醫生在她的著作中堅持這一點＊！）。告訴自己，必須先在室外停留一個小時，才能看電視一小時。

10. **考慮透過這些事情來幫助自己減輕對手機的依賴**：採用老式的鬧鐘、使用家用電話，或者把手機放進可上鎖的盒子裡，只在手機「休眠時間」結束後開鎖。

　　即使只是每週某個晚上排毒一次，數位排毒可以為我們創造工作和生活上茁壯成長所需的精神空間，並能使我們與同事、家人和自己在社交與情感上建立各式連結。它可以消除腦霧、提供我們亟需的重新啟動、防止過勞，及成就上線時間。你可能會發現，只要實行了這些小步驟，整週期間將可用更引人矚目的方式遠離行動裝置，而且當你運用數位設備時，將會以更優質、意向更明確的方式善用它們。正如我們所看到的，即使是最小的改變也能夠帶來很大的差異。你可以做的另一個小改變是，用不同的方式開始每一個早晨，以便掌握每一個日子的方向。

＊　https://www.amazon.com/Healthy-Kids-Unhealthy-World-Practical/dp/1735622222/ref=sr_1_1?hvadid=676936605963&hvdev=c&hvlocphy=9009996&hvnetw=g&hvqmt=e&hvrand=15082042399793829514&hvtargid=kwd-1457583165041&hydadcr=22132_13517543&keywords=healthy+kids+in+an+unhealthy+world&qid=1697477434&sr=8-1

上線時間課後小練習

- 選擇一週裡你覺得可行的某個夜晚,從晚餐到睡前放下所有科技產品。看看會發生什麼,並且記錄各項好處。

- 在一天中找出短暫擺脫數位裝置的時間。當這些時刻變得規律,想一想自己面對科技的整體習慣是否已經改變。

第**19**課

每日早晨的正念冥想

　　在週二晚間戒掉科技產品的挑戰成功後，我決心增加一項：週三睡醒後不用科技產品。這是想延續前晚擱下行動裝置、獲得平靜和一夜好眠的勢頭，於翌晨追加一個小時不碰科技產品。在一日之初，你可以用三十分鐘到一個小時在無科技輔助的情況下做**自己**想做的事情，這有助於你迎來美好的一天。它確保你在做任何其他事情之前，先為自己做一些事。這個簡單的日常慣例能使你當日擁有更多的可用精力點數。

　　我把自己一天最初三十分鐘稱為「蘿拉三十」（Laura 30）。我在家人睡醒之前起床，做自己想做的任何事情半小時，而且不用科技設備。我通常會從冥想開始，有時則讀書、戴上耳機彈鋼琴、翻一翻能量卡，或寫日記。有時如果我知道接下來一天裡不會做運動，便先動一動筋骨。重點在於用這三十分鐘建立日常慣例。這是當日接著做

他人想要我做的事情之前，先做自己想做的事情的時間。我不會總是提前計畫好要做什麼，往往就是順應當天早上的心情來決定要做的事。

　　這三十分鐘會影響我整天的狀態，讓我不再感覺像是掙扎著起床、查看電子郵件、進入媽媽模式，接著切換到工作模式，然後又再次回到媽媽模式。即使要做所有其他的事情，我心中也會感受到一些安慰，因為我確知這一天是從自己開始的——在把精力注入其他人的杯子之前，我先填滿自己的杯子。晚上備好翌日的時程表，並提早三十分鐘睡覺，讓我在隔天早上醒來後能有不被打斷的三十分鐘做自己的事情，這為我的一天帶來了立即、正向而且巨大的影響。

　　以下是我向谷歌同事提出這項新挑戰後收到的一些最好的回饋：

我喜歡無科技的週二夜晚，甚至喜歡週三晨間的挑戰。我先前在早上做的第一件事往往是閱讀新聞和查看各項通知。如今我起床後不會立即盯著手機看，這顯然使我一整天都能夠更加專注。

我領悟到自己以往在早晨（剛起床時）花很多時間處理手機裡各項通知、瀏覽社群媒體或查看 eamil 信箱。週三早晨的挑戰使我擺脫了這些分心的事，我發現自己可以更明快地進行晨間日常慣例，並能以更清新的心態著手工作！

提早開始每一天

即使你不是早睡早起的晨型人，我也鼓勵你在覺得必須起床之前開始新的一天。不要讓鬧鐘成為你每天第一個應付的事。按照自己的方式來開展每一個日子。不要讓小孩、電話會議、狗狗來叫醒你。在被召喚之前醒來，並找到專屬於自己的時間，即便只有十五分鐘。

我們不須在晨間講求生產力或完成某件大事。谷歌執行長桑德爾・皮采的早晨習慣格外簡單，就只是一個煎蛋捲和吐司、一杯茶，以及閱讀一份紙本報刊。最重要的是抱持目的、一以貫之地開始每個日子，而不是於晨間實際做什麼事情。

一些最成功的人士習於早起，自有其道理。你不必每天清晨五點醒來，只要早一點就寢並提早開始新的一天，就更有機會在一日之初完成對你來說重要的事。我認識的人都不會設鬧鐘喚醒自己早起，好在工作前享受電玩遊戲、瀏覽社群媒體，或者追劇，但人們晚上熬夜通常都是進行這類活動。找到契合自己的自然節奏的方式，以便充分善用早晨時光。

改變睡眠習慣可能需要一些時間。倘若早起讓你望而卻步，那就按部就班，先嘗試幾天早上提前五分鐘起床，當你體會到種種好處之後，就有可能循序漸進地提早起床時間。你可以考慮進行一週的試驗，每天早起用三十分鐘做自己想做的事。在一週結束時記錄自己的感受，並想一想是否值得持續下去。選擇在一天最初三十分鐘做些讓早起更有價值的事。對我來說，那是享受獨處的時光。對我先生而

言，則是享用一個肉桂捲，或是不受干擾地閱讀《華爾街日報》。

好好把握晨間時光，便能掌控自己的一整天。

早晨三件事

除了在清晨給自己一些額外的時間，我也推薦三種有助於專注和生活幸福的事：

1. **音樂：**音樂怡情養性；有時它可以營造環境氛圍或是我們不會刻意留心的「背景氣氛」。你是否曾經在聚會或派對中感到有點尷尬？我可以確定原因在於沒有音樂或播放的音樂與當時的氛圍格格不入。我從策畫活動的經驗領會到，音樂能夠營造或破壞氣氛。列出一份可讓你在早晨感到愉悅和放鬆心情的音樂清單，當你吃早餐或穿衣服時播放它。我使用智慧型裝置設定自動播放功能。當孩子們下樓吃早餐時，我們家廚房裡會響起迪士尼電影配樂。

2. **照明：**沒有什麼比明亮或強烈的燈光更能在晨間使我們的大腦感受到壓力。這就是在一日之初遠離科技設備，以及調整家中照明可以帶來巨大改變的原因。嘗試調暗室內燈光，或者只打開檯燈而不使用吸頂燈。在家裡，我只開啟廚房櫥櫃下方的

燈，而且我用拉開窗簾讓自然光照進房間的方式來喚醒孩子。我使用的鬧鐘甚至會模擬太陽升起的過程，隨著起床時間逐漸逼近，它會逐步變得明亮。

3. **給未來自己的禮物：**當你醒來並意識到過去的自己幫未來的自己設定了愉快且無壓力的早晨時光，沒有什麼能比這更令人感到喜悅。起床後想到自己已經在前晚清空洗碗機、準備好小孩的學校午餐，或者備妥出門服裝，是無與倫比的樂事。這種**事情已完成**的感覺是如此美妙。我試著在孩子們下樓前準備好一件令人愉快的事情，就像是邀請他們展開這一天的生活。這可以是煮好的早餐、擺好的牛奶杯，或者是讓他們在我做早餐時玩耍的著色圖和蠟筆。我知道這會令他們感到開心，而我也有同樣的感覺。我在晚上提前設好咖啡機的定時器，這樣當我翌晨起床時，咖啡就已備妥。更不用說咖啡的香味有助於促使大腦更快地清醒（這是我們在第十課探討的**情境依賴**一個很好的例子）。這真是一種享受！

冥想的力量

假如有人在路上攔住我、詢問能做什麼來提振生產力，我不會給他任何關於清單或時間管理的提示。我會建議他每天找時間冥想。為什麼放空十分鐘不做任何事有助於你做所有事情？因為定期冥想可以：

- 降低血壓
- 增進思路清晰和提升專注力
- 提高工作績效
- 紓解壓力
- 改善睡眠品質
- 緩解焦慮和記憶喪失
- 增強專注持久度

這一切都可以經由同一項活動來實現，而且每天只需十分鐘！

冥想有時被視為一種使自己**平心靜氣**的方法，這當然確實無誤。然而，至關重要的是領會它也是一項直接的心理鍛鍊。就像刷牙可保口腔健康一樣，冥想有助於精神健康。冥想是在思維**之間**找到寧靜的空間。這是最快捷的保持專注和**訓練大腦**的方式。它使腦霧消散，而不是試圖強行穿越腦霧。那就如同在著手削切一百顆馬鈴薯之前，先磨利你的刀刃。最重要的是，此為大腦進入高效工作狀態的最快速方式。而且，你每天只須投注十分鐘。

「如果你沒時間進行十分鐘冥想，那麼你應該冥想二十分鐘。」
——禪學諺語

當我們沒有時間冥想，往往就是我們最需要冥想的時候。花十分鐘冥想會讓你在做了一小時事情後覺得宛如完成了兩小時的工作。

冥想會擴展你和親人共處的時光，讓你真正享受那些時刻。我在婚禮當天提早起床冥想，因為我希望在經歷人生最美好的日子時，能夠擁有清晰的心智。（我的髮型師和化妝師有點生氣，因為我遲到了十分鐘，但這確實值得。）隨著冥想練習愈來愈規律，我發現日常心流和腦中想法出現顯著的差異。即使必須在早上五點出門趕搭飛機，我仍然確保自己抽出時間來冥想，因為我知道冥想對於這一天會有多大的影響。

冥想的好處就像健身的益處一樣，需要一段時間才能看得到。你未必能在一天後感受到效果，但可能十天後就會發現成效。而一個月後你肯定會察覺顯著的變化。你必須找到一個自己覺得易於著手的起點。如果每天冥想十分鐘讓你感到壓力沉重，那麼每天兩分鐘呢？（最後你可能會冥想十分鐘！）至關重要的不是冥想的型態。不論是引導式冥想、正念冥想，或是冥想音樂，都有書籍、應用程式和線上影片可以幫助你開始。冥想可以簡單到實質靜坐十分鐘，悄悄地聆聽空調設備發出的聲響。我愛聽河水川流不息的聲音。重要的並非專注，而是專注於什麼。找出自己喜愛的冥想方式就更有可能持之以恆。

定期的冥想練習能夠增進你活在當下的感受、幫助你在日常的時刻之間創造出更多的空間，以及為你點出每項經驗的眾多細節。例如，你可能會驚訝地發現自己在工作會議上十分專注（無須關閉所有的瀏覽頁標籤）、對於即將到來的截止日期或重大待辦事項感到壓力減緩，而且有更多的創新想法以及／或是更清晰的思路，這些全都是定期冥想實踐的結果。我說服了一位同事持續兩到三週每日冥想，他

後來告訴我，雖然工作依然繁忙而且快活不起來，但他稍微獲得了「昇華」，所以工作不愉快對他的影響減輕了，而且他能夠以新視角更清晰地看待一切。

專注力訓練

人們有時會發現，特定活動能夠開創類似冥想的狀態，從事這類活動**加上**冥想，將對我們卓有助益。這好比既要上健身房，**也要**過積極的生活（出門遛狗、健行、騎自行車、勤走樓梯）。編織、彈奏樂器、閱讀書籍、拼圖等活動，都能促進大腦活躍起來，並且有助於增進專注力。它們可能不像專注於**無**（冥想）那般強大，但許多人覺察到，與冥想近似的活動有助於提升心智清明。

我每年都會發起一項閱讀挑戰（**每週一書**），邀請谷歌人持續一個季度每週讀完一本書。我發現世上最富生產力的人們都有閱讀的習慣。定期閱讀對於訓練專注力、接觸新想法，和創造思維空間都有好處。一項研究顯示，每天至少閱讀六分鐘可以使壓力降減六八％，這有助於理清思緒及緩解身體緊繃。許多參與者說，數週的閱讀挑戰期間是他們一年裡生活各方面最有成效的時候。儘管每週讀完一本書其實**增加**了他們的工作量，然而他們整體上更專注、更有意識地安排時間來完成挑戰。他們在閱讀時鍛鍊了大腦的專注力，並且用排擠法來減少使用社群媒體、看電視或額外工作，好投注時間於閱讀。這是生產力和幸福感相得益彰的一個絕佳事例。要拿出最高績效並產生最大的影響，你得充分休息和補足營養，並給大腦放鬆的機會，以利投入

閱讀等各式活動。

早晨的神奇力量與你同在

即使你還沒確立晨間「專屬自己的三十分鐘」日常慣例，這裡有一些方法可幫你在一天中找到若干正念時刻，及體驗寧靜的清晨能夠帶來的神奇力量。

- 閉上眼睛、細細品味一天裡第一口熱飲。
- 在淋浴的時刻好好享受這趟澡。
- 在晨間開車途中最後一分鐘，關掉音樂／廣播／播客節目，想像一下如果一切完美的話，這一天將會是什麼樣子。
- 與任何人交談或互動時，彼此要有真正的眼神接觸（你應知道接受自己指示的人眼珠的顏色！）。
- 獨自享用一餐或小點心、不使用任何行動裝置，並且切切實實專注於味蕾的感覺。
- 善用空檔與配偶／孩子／室友共享時光。實際投於每天的第一次問候和最後的相聚時刻。
- 沉浸於與人擁抱的任何時刻，永遠不要先放開對方（我和自己的孩子們就是這樣做的！）。
- 聆聽一整張專輯或一整首歌，不要迫不及待按下一首（否則你會忘記自己多麼喜愛享受音樂）。
- 循著一旦：**接著**的思路模式來練習感恩。一旦穿上鞋子，**接著**

我就想到一件值得感激的事。一旦清洗雙手，**接著**我就試著感受手上的水，並讓自己活在當下。

- 當你匆忙出門著手展開新的一天時，在門框處停下來、深深吸一口氣，讓自己感受當下，並準備好迎向接下來的一天。（倘若你和伴侶／配偶／家人一起出門，也可以彼此牽手一起做！）

我們不用做重大或耗時的事情。所有這些小步驟都可成為日常慣例，為我們的每一天帶來平靜、感激之情和正念。日常的晨間慣例、正念練習與數位排毒相輔相成，有助於我們發揮生產力和充實上線時間。

那麼，我們如何知道自己「成功」了呢？

上線時間課後小練習

- 每天晨間撥出專屬自己的三十分鐘，並決定要用這段時間做什麼。做你當天想做的事情！
- 每日進行冥想練習——從小處著手，讓它變得簡單。
- 用令人放鬆的音樂、柔和的照明和愉快的事物開始你的早晨。
- 每天找出一些時刻來進行正念修練以保持心智清明，並成為日常慣例。

第**20**課

成就上線時間

　　此刻你已領會自己應專注於**什麼**、了解**何時**適宜做事、明白**何處**是妥當的工作**地點**，並且知道**如何**做好所有的事情。你也設定好了**兼顧**工作與生活品質的最佳心智練習。

　　成功、富裕的人**確實**比一般人更有意識地運用自己的時間，而現在你已擁有師法他們所需的種種工具。事實上，隨著你「進入心流狀態」、以自然而然的方式完成事情，這會變得愈來愈簡單。你將使用更少的精力點數來做好事情，因為你懂得順勢而為。發揮生產力未必困難重重。你可以在每天的上線時間風風火火地忙於所有適切的事情，並且對諸事應付自如。

小改變，大影響

　　最重要的是實行書中提示的各項要點，這會為你的生活和工作帶來改變。縱使你僅能設定一個界限、只擁有一個工作熱點，或是你的行事曆僅在半數的時間行之有效，這促成的任何變化仍將對你有所助益。

方向比速度重要。

　　把一輛位於圓圈中心的汽車想像成你自己和你的工作，而汽車的目標是在上線時間裡到達圓周的邊緣。倘若稍微朝任一方向轉動方向盤，然後讓汽車直行，最後會停在圓圈外一個截然不同的點。你的目標、行進路線、**意向**都遠比工作的速度、完成事情的多寡或者產量更加重要。確保你以正確的方式掌握好汽車的方向，比汽車迅速到達去處更事關重大。你可以用這種方式看待種種改變、細微的方向調整。設定好諸事的優先順序可促使你專注於重中之重。領會自身精力流的節奏，有助於你在最適切的時間和地點推展工作。儘管每天冥想十分鐘可能看起來只是一個日常的小變化，但這將穩定你的前進速度，並使你能夠全然掌控自己的整體方向。

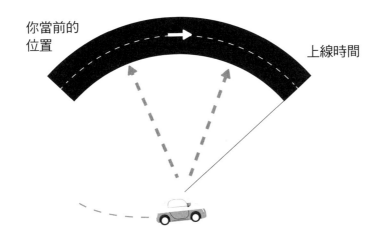

你當前的
位置

上線時間

接下來怎麼做？

你可能對本書所有建議興致勃勃，但不知從何開始做起。也許你一天內就讀完了，此刻正在想明天會是什麼樣子。或者想知道如何按部就班在工作和生活中實踐這一切。我總是在培訓課程結束時，給大家一些時間寫下三件印象最深刻的事情。在此，我也鼓勵你這麼做。倘若現在有位朋友在街上攔住你，詢問你從本書學到的三件事，你會怎麼回答呢？

我們可以從那些引起內心共鳴並已被大腦記住的事情開始！許多練習和成就上線時間的方法是，善用大腦的優勢並且理解其弱點，把效能發揮到極致。

有些人也許在處理過多的會議上需要一些幫助。某些人喜愛清單系統，而對於找出停機時間不需要太多助力。有些人可能對冥想和晨間的正念修練無比好奇。大腦已為你凸顯出書中你最需要的部分；請

相信自己的大腦，並從那部分著手。你也可以翻到自己最感興趣的主題，並從結尾處的小練習開始。

　　我鼓勵你像使用食譜那樣運用這本時間管理指南（按照各組明確指示的順序去實踐，或如同混合與搭配不同的食材那樣，找到最適合自己的組合），但始終從你最感津津有味的地方著手！並請記住，無論落實到**何種程度**，都將對你的工作和個人生活有益。

如何衡量生產力

　　人們時常問我，你如何衡量生產力？我怎麼知道自己有生產力？在企業裡，我們可以參酌量化的電話溝通數據、各項營收目標、員工留任率，或寫成的程式碼總量。然而，當談論個人生產力時，最佳成功指標其實是你自己的感受。你可以定期想一想：我有否重新感到活力滿滿？對工作能夠駕輕就熟嗎？我覺得自己有創造力嗎？我是否活在當下？講求平衡？精力充沛？倘若答案是肯定的，那麼你已成就了自己的上線時間。

　　無論你當前身處哪個位置，總有一種方法可以讓你朝向目標前進。我有一份全職工作，並且養育三個未滿四歲的小孩，確實難免會感到壓力深重和不知所措，或者有時事情不會按照我計畫的那樣進行。（比如我的兒子提前一個月出生，正好是我預定完成這本書的時候！）當種種意想不到的事情發生時，我會寬容以待，然後善用我在書中各章節講述的確切方法讓自己回到正軌。我期望本書提供的各項工具和技巧賦予你同樣的信心，讓你有能力完成事情並且能夠同時兼

顧生活品質。

　　許多接受我輔導或個別指導的人於課後發 email 告訴我，他們從此生活怡然自得、工作更有成效，而且心智更加清明，這是我最樂見的事。他們的見證詞說明了掌握**上線時間**的意義。那就是生活、才能、**興趣**、意向和優先事項得以順利推展，同時找到自己的幸福。你將在人生所有領域獲得全面的成就。

　　如今你擁有了各項利器，接下來打算如何善用呢？

▲

致謝

　　首先，我要感謝上帝給我天賦，以及執行長皮采幫我認清這份禮物，還要銘謝谷歌人（我的每週提示清單五萬五千多名用戶，和這些年來支持與鼓勵我的人們）促進其成長茁壯。倘若沒有你們，這本書和我的計畫將無從誕生！

　　Bruce 和 Dom 投注了無數時間仔細審閱書稿，令我感激不盡。你們的真誠、全心的投入與回饋，使本書成為它現在的樣子。謝謝 Bruce 使書中驚嘆號和表情符號的運用達到合情合理 :)，以及給予 Dom 和我所需的外部觀點。感謝 Dom 想書名、教導我在寫作上傾吐自己的心聲、幫助我使文字如虎添翼——你是我敬仰的作者，對我的人生產生超大影響！

　　向 Ma'ayan 致上謝忱。你將我的想法和文字化為優美的圖像。你設計的封面和逐章展現的創意，對最終成書有莫大貢獻——更不用說你在過去八年為我的計畫盡心盡力！代理人 Jim Levine 惠我良多，不但對首次出書的我指導有加，更在我寫書之前就持續實踐我傳授的種種方法。（感謝 Jonathan 和 Alan 的支持和引介我認識他！）謝謝 Hollis（和 Kirby ！）從一開始就信任我，並在整個過程中始終如

一；這促成了我對自己的信任！

對 Chicago Badmins（Tracy、Barb、Cadi 和 Kate）致以謝意。你們一馬當先訂閱我的電子報，並且一路相挺。感謝 Kaisa Holden 說服我就收件匣管理開辦課程，也謝謝羅伯特‧金奇爾（Robert Kyncel）與吉姆‧列欽斯基（Jim Lecinski）率先信賴我的執行能力。感謝首位向我展現傑出母親和女性主管光輝典範的 Karen Sauder。謝謝 Alison Wagonfield 贊助此書並在整個過程中指導我。感謝 James Freedman、Marc Ellenbogen、Katie Wattie 和 Emily Singer 悉心閱讀，以及無數其他人的評論和支持。謝謝 Jenny Wood 伴我一起進入作者的世界——倘若沒有你，我一定做不到！感謝 Neil 和 Gopi 提出的所有建議。謝謝克拉斯飯店（Class Hotel）的 Chadwords 總是撥出時間和我會談，並指點如何在工作中明智地善用自己的時間。感謝 Kyle Moncelle（和 Josh ！）堅守我們的友誼，並分享我熱愛的所有書籍。謝謝 Kate Kolbert-Hyle 成為我十分敬愛的導師、朋友和專業女性。感謝 Jess Kohen 支持且與我討論所有事情，也謝謝 Sca 自始至終不離不棄。感謝 Mark、Filipe 和 Lanaeschia 提醒我，團隊合作以及協作如何至關重要。感謝 Mama Bear Book Club 和 Time Travelers Wives（Michelle、Beth、Sarah 和 Summer）聆聽我每月的近況更新、幫助我集思廣益構想標題，以及在五年間陪我一起閱讀謀殺疑案類型小說，和興高采烈地對話交流——我希望此書能通過 Goodreads 讀者群評論的考驗！

感謝 Tom Oliveri 這位出色的主管，更難能可貴的是對人滿心關懷。感謝你給予我成長的自由與清晰的條理，和成為我的 email 成功故事裡「最大的失敗者」。謝謝 Anas 薰陶我成為自信果斷、珍惜自

己時間的人，以及傳授在商業環境中以家庭為優先事項的方法，讓我在認清自己的潛力之前就得以發揮。你在過去幾年以無數的方式支持我，是歷來對我影響最深遠的導師。感謝有教無類的頂尖主管 Dave Moerlein 和 Lindsey Schultz 鼓勵我（並親身示範！）如何做自己擅長又熱衷的事情並且永不妥協。

感謝 Margo 指引我母職的神奇關鍵在於皮包裡隨時備好棒棒糖，以及曉諭我規畫和組織雖然有所助益，但光靠這些無法使住宅成為家 :)。謝謝 Herbster 夫人向我展示，用霓虹紙列印並裝入塑料文件夾（再加上大量的支持和愛！）能為他人創造美好體驗——如你所知，你改變了我的人生！感謝 DECA 指點專業素養和禮節，也謝謝 POB 教導我口紅實為最後的修飾利器。我也要對 Ester Hicks 表達無盡的感激之意，你是我最喜愛的作者和演說家，而且激發我做了許多事情，更啟迪了我的寫作靈感。

感謝 Michele 出色地對任何需要協助的人伸出援手，並運用非凡的能力幫助我。你是最好的長輩、朋友、姐妹、作家、廚師、營地輔導員、同事、保母、花藝師、烘焙師、產後陪產員、色彩分析師。謝謝你不僅編輯本書，更為它增添價值。你看到我的成果了嗎？感謝你告知書稿的實情，其他人雖也有相同看法卻沒有說出來。你是本書真正的合著者，值得接受應有的榮譽。感謝小而強大的每週提示團隊（Jake Gordan 和 Paul Teresi）撐起我的電子報。

謝謝父母讓我相信可以做自己想做的任何事情，並在整個過程中給予支持。感謝 Moom 總是帶 Ford 出去散步，讓我可以完成本書；感謝 Faj 讓我們的童年成為**另一個天堂歲月**，並告訴我這是你十年

來讀過的最佳書籍！（雖然這是你十年來唯一讀過的書……）感謝 Leigh 和 D Sal 始終信任我（就像那次相信我確實喝了咳嗽糖漿）。感謝 Pam 和 Bob 對我家孩子的鼎力支持，及讓我使用你們的餐桌寫出本書第一部。

感謝 Marie 引領我了解孩子出生前後的時間管理有**天壤之別**——你以最好的方式震撼了我們的世界，並且持續每天啟發我們。謝謝 Xavier 使我領會什麼是純粹的快樂，及在我哄你睡覺時要求我停止唱歌，這實際上幫助我記住了寧靜的特殊意義。感謝 Ford 提醒我，即使是最傑出的規畫者也無法安排寶寶的出生時間。我們一起完成了這本書。當你們三人的媽媽是我擁有的最好工作。

向我的丈夫暨頭號粉絲 Jake 致上謝意。你是我的生產力與幸福的支柱。你也是我認識的最聰明的人。感謝你在我的羊水破了而書仍未接近完成的時候，幫助我冷靜下來。感謝你照料我需要的一切，讓我能夠完成此書。感謝你成為我的第一位讀者和最好的朋友。我覺得自己能夠出書十分幸運，但這與我們共築的美好生活相比，則顯得微不足道。

註釋

引言

期刊的研究結果：Joseph S. Reiff, Hal E. Hershfield, and Jordi Quoidbach, "Identity Over Time: Perceived Similarity Between Selves Predicts Well-Being 10 Years Later," *Social Psychological and Personality Science* 11, no. 2 (2020): 160–67.

第 1 課

俄亥俄大學二〇一八年的一項研究：Arkady Konovalov and Ian Krajbich, "Neurocomputational Dynamics of Sequence Learning," *Neuron* 98, no. 6 (2018): 1282–93.

「艾森豪方法」：Mind Tools Content Team, "Eisenhower's Urgent/Important Principle: Using Time Effectively, Not Just Efficiently," https:// www.mindtools. com/al1e0k5/eisenhowers-urgentimportant-principle.

艾森豪一九五四年的話：Dwight D. Eisenhower, Address at the Second Assembly of the World Council of Churches, Evanston, IL, American Presidency Project, https:// www.presidency.ucsb.edu/node/232572.

第 3 課

著名研究：Sarah Gardner and Dave Albee, "Study Focuses on Strategies for Achieving

Goals, Resolutions," press release 266, Dominican University of California, February 2015.

「將為你省下最多兩小時」：博恩・崔西（Brian Tracy）《想成功，先吃了那隻青蛙》（*Eat That Frog!*）(Oakland: Berrett-Koehler, 2017), chap. 2.

先做最艱難／最重要的工作：博恩・崔西（Brian Tracy）《想成功，先吃了那隻青蛙》（*Eat That Frog!*）前言。

第 4 課

二〇一六年調查報告： David A. Kalmbach et al., "Genetic Basis of Chronotype in Humans: Insights from Three Landmark GWAS," *Sleep* 40 (2017).

根據研究：A Mareike B. Wieth and Rose T. Zacks, "Time of Day Effects on Problem Solving: When the Non-Optimal is Optimal," *Thinking and Reasoning* 17, no. 4 (2011): 387–401.

第 5 課

商業領袖：Web Desk, "Find Out the Daily Routines That Drive 40 Successful Business Leaders," Digital Information World, May 25, 2021, https://www.digitalinformationworld.com/2021/05/the-work-routines-of-musk-branson-dorsey-37-other-business-leaders.html.

《實驗心理學期刊》的一項研究：Joshua S. Rubenstein, David E. Meyer, and Jeffrey E. Evans, "Executive Control of Cognitive Processes in Task Switching," *Journal of Experimental Psychology: Human Perception and Performance* 27, no. 4 (2001): 763–97.

第 7 課

提摩西・派希爾：Timothy A. Pychl, *Solving the Procrastination Puzzle* (New York:

Tarcher/Penguin, 2014).

七種工作屬性：Chris Bailey, "Here's Why You Procrastinate, and 10 Tactics That Will Help You Stop," interview, ChrisBailey.com, March 27, 2014, https://chrisbailey. com/why-you-procrastinate-10-tactics-to-help-you-stop/.

第 8 課

《蒙特梭利小孩》（暫譯）：Simone Davies and Junnifa Uzodike, *The Montessori Baby* (New York: Workman, 2021), chap. 5.

大量研究結果：Shahram Heshmat, PhD, "5 Benefits of Boredom," *Science of Choice* (blog), *Psychology Today*, April 4, 2020, https:// www.psychologytoday.com/us/blog/ science-choice/202004/5-benefits-boredom.

雙盲試驗：Sandi Mann and Rebekah Cadman, "Does Being Bored Make Us More Creative?," *Creativity Research Journal* 26, no. 2(2014): 165–73.

第 10 課

兩組深海潛水員：Jaap M. J. Murre, "The Godden and Baddeley (1975) Experiment on Context-Dependent Memory on Land and Underwater: A Replication," *Royal Society Open Science* 8, no. 11 (2021).

第 13 課

《哈佛商業評論》的一項調查：Leslie A. Perlow, Constance Noonan Hadley, and Eunice Eun, "Stop the Meeting Madness," *Harvard Business Review*, July–August 2017, 62–69.

一篇文章：Steven G. Rogelberg, Cliff Scott, and John Kello, "The Science and Fiction of Meetings," *MIT Sloan Management Review*, December 2007, 18–21.

二〇一〇年刊載的一項研究報告：Steven Rogelberg, Joseph Allen, Linda Shanock, Cliff Scott, and Marissa Shuffle, "Employee Satisfaction with Meetings: A Contemporary Facet of Job Satisfaction," *Human Resource Management*, March 2010, 149–72.

我最喜愛的一部生產力書籍：Cameron Herold, *Meetings Suck* (Austin, TX: Lioncrest, 2016), chap. 5.

歷來維持七人參與的會議：Marcia W. Blenko, Michael C. Mankins, and Paul Rogers, *Decide & Deliver* (Boston: Harvard Business Review Press, 2010), chap. 4.

第 14 課

教育平台Brainscape的一項統計：Andrew Cohen, "How Keyboard Shortcuts Could Revive America's Economy," Brainscape, n.d., https://www.brainscape.com/academy/keyboard-shortcuts-revive-economy/.

第 15 課

加州大學爾灣分校的一項研究：Gloria Mark, Daniela Gudith, and Ulrich Klocke, "The Cost of Interrupted Work: More Speed and Stress," *CHI '08: Proceedings of the SIGCHI Conference on Human Factors in Computing Systems*, April 2008, 107–10.

「二十秒法則」：Shawn Achor, *The Happiness Advantage* (New York: Crown Business, 2010), Part Two, Principle #6.

第 16 課

軟體公司HubSpot的數據："Email Marketing: Open Rate Increased by Over a Quarter Compared to March," Netimperative, May 13, 2020, https://www.netimperative.com/2020/05/13/email-marketing-open-rate-increased-by-over-aquarter-compared-to-march/.

每小時大約查看email十一次：Gloria Mark, Shamsi T. Iqbal, Mary Czerwinski, Paul Johns, Akane Sano, and Yuliya Lutchyn, "Email Duration, Batching and Self-interruption: Patterns of Email Use on Productivity and Stress," paper, CHI Conference, May 2016.

國際商業機器（IBM）公司的一項研究：Steve Whittaker, Tara Matthews, Julian Cerruti, Hernan Badenes, and John Tang, "Am I Wasting My Time Organizing Email? A Study of Email Refinding," *CHI '11: Proceedings of the SIGCHI Conference on Human Factors in Computing Systems*, 2011, 3449–58.

第 17 課

杜克大學二○○六年的一項研究：David T. Neal, Wendy Wood, and Jeffrey M. Quinn, "Habits—A Repeat Performance," *Current Directions in Psychological Science* 15, no. 4 (August 2006): 198–202.

《歐洲個人心理學期刊》的一項研究：Philippa Lally, Cornelia H. M. van Jaarsveld, Henry W. W. Potts, and Jane Wardle, "How Are Habits Formed: Modelling Habit Formation in the Real World," *European Journal of Social Psychology* 40, no. 6 (July 2009): 998–1009.

時間里程碑的力量： Daniel H. Pink, *When* (New York: Riverhead Books, 2018), Part 2, chap. 3.

第 18 課

醫學博士克莉絲汀・富勒指出：Kristen Fuller, MD, "JOMO: The Joy of Missing Out," *Happiness Is a State of Mind* (blog), *Psychology Today*, July26, 2018, https://www.psychologytoday.com/us/blog/happiness-is-state-mind/201807/jomo-the-joy-missing-out.

第 19 課

定期冥想的好處：Matthew Thorpe and Rachael Ajmera, "12 Science-Based Benefits of Meditation," Healthline, May 11, 2023, https:// www.healthline.com/nutrition/12-benefits-of-meditation.

每天至少閱讀六分鐘：Andy Chiles, "Reading Can Help Reduce Stress, According to University of Sussex Research," The Argus, March 20, 2009, https://www.theargus.co.uk/news/4245076.reading-can-help-reduce-stress-according-to-university-of-sussex-research/.

作者簡介

蘿拉・梅・馬丁（Laura Mae Martin）是谷歌的高階主管生產力顧問。她教導谷歌公司高管時間與能量管理方法，並且每週發布生產力電子報，觸及的谷歌人超過五萬人。在谷歌任職十三年期間，她先後從事過銷售、產品營運、活動企畫，現今擔任高管教練。蘿拉擁有北卡羅來納大學教堂山分校商業管理學士學位，當前與她的丈夫和三個孩子一起住在北卡羅來納州的夏洛特。在以下網址可以找到她的更多資訊和本書相關資源：www.lauramaemartin.com

國家圖書館出版品預行編目(CIP)資料

上線時間管理術 / 蘿拉.梅.馬丁(Laura Mae Martin)著 ; 陳文和譯.
-- 初版. -- 臺北市 : 城邦文化事業股份有限公司商業周刊, 2024.08
256面 ; 17 × 22公分
譯自 : Uptime : a practical guide to personal productivity and
wellbeing
ISBN 978-626-7492-23-9 (平裝)

1.CST: 成功法　2.CST: 時間管理

176.4   111021206

上線時間管理術

作者	蘿拉・梅・馬丁
譯者	陳文和
商周集團執行長	郭奕伶

商業周刊出版部

責任編輯	林雲
校對	呂佳真
封面設計	陳文德
內頁排版	邱介惠
出版發行	城邦文化事業股份有限公司 商業周刊
地址	115 台北市南港區昆陽街 16 號 6 樓
	電話：(02)2505-6789　傳真：(02)2503-6399
讀者服務專線	(02)2510-8888
商周集團網站服務信箱	mailbox@bwnet.com.tw
劃撥帳號	50003033
戶名	英屬蓋曼群島商家庭傳媒股份有限公司城邦分公司
網站	www.businessweekly.com.tw
香港發行所	城邦（香港）出版集團有限公司
	香港灣仔駱克道 193 號東超商業中心 1 樓
	電話：(852) 2508-6231　傳真：(852) 2578-9337
	E-mail：hkcite@biznetvigator.com
製版印刷	中原造像股份有限公司
總經銷	聯合發行股份有限公司 電話：(02) 2917-8022
初版 1 刷	2024 年 8 月
定價	400 元
ISBN	978-626-7492-23-9（平裝）
EISBN	9786267492208（PDB）／ 9786267492215（EPUB）

UPTIME: A Practical Guide to Personal Productivity and Wellbeing by Laura Mae Martin

Copyright © 2024 by Google, LLC.

Complex Chinese Translation copyright © 2024

by Business Weekly, a Division of Cite Publishing Ltd.

Published by arrangement with Harper Business, an imprint of HarperCollins Publishers, USA

through Bardon-Chinese Media Agency

博達著作權代理有限公司

ALL RIGHTS RESERVED

藍學堂

學習・奇趣・輕鬆讀